Uwe Kraus

Auf Stauferspuren
durch Baden-Württemberg

Ausflüge für Groß und Klein

Oertel+Spörer

Übersichtskarte: © Kartografie Anneli Nau, München

Bibliografische Information der Deutschen Nationalbibliothek

Die Deutsche Nationalbibliothek verzeichnet diese Publikation in der Deutschen Nationalbibliografie; detaillierte bibliografische Daten sind im Internet über http://dnb.d-nb.de abrufbar.

Besuchen Sie uns im Internet: **www.oertel-spoerer.de**

© Oertel + Spörer Verlags-GmbH + Co.KG · 2010
Postfach 16 42 · 72706 Reutlingen
Alle Rechte vorbehalten
Umschlaggestaltung, Satz und Repro: Uhl + Massopust GmbH, Aalen
Druck und Bindung: Oertel + Spörer Druck und Medien-GmbH + Co., Riederich
Printed in Germany
ISBN: 978-3-88627-473-4

Inhalt

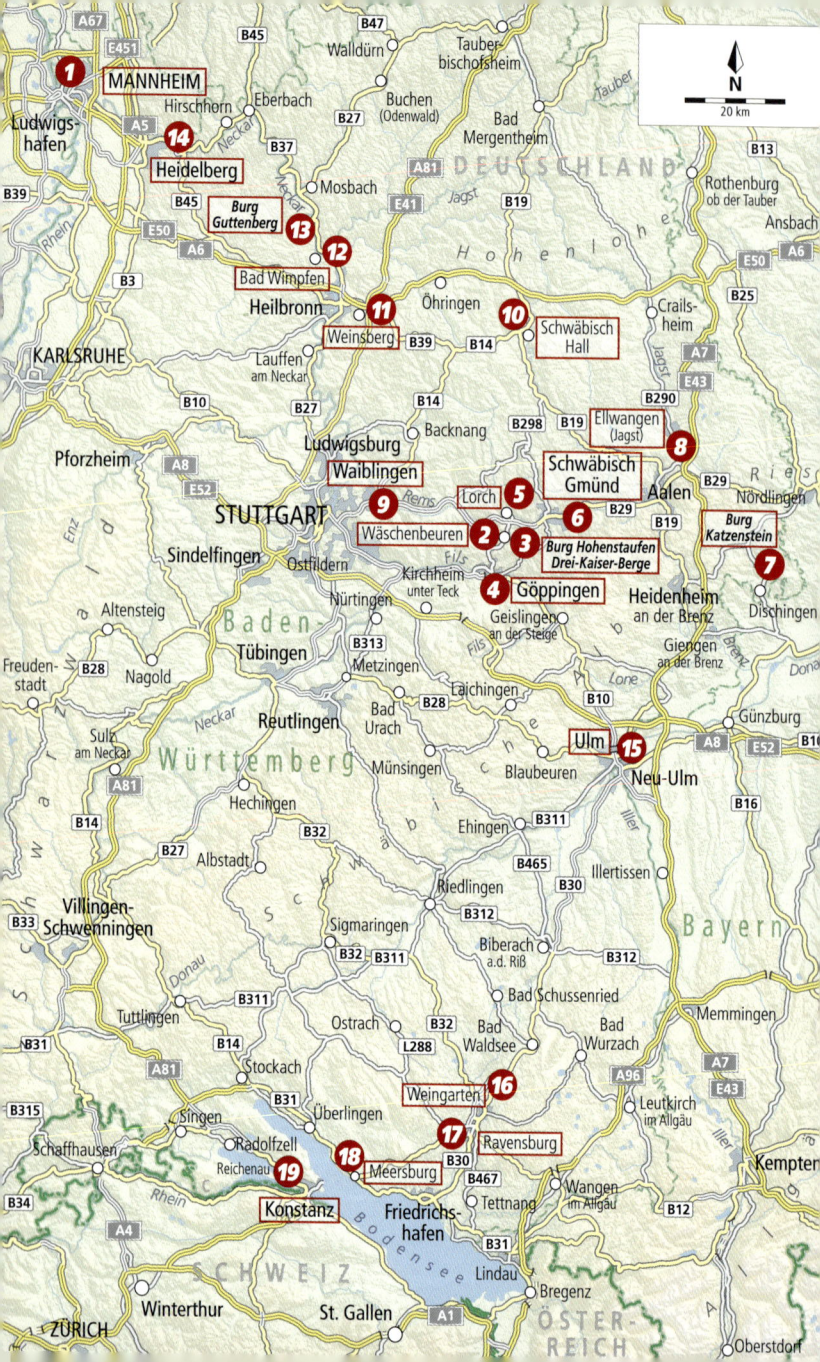

Vorwort

Keine der Königs- und Kaiser-
dynastien des Mittelalters prägte
diese Epoche stärker als die Staufer im 12. und 13. Jahrhundert. Als
Herzöge von Schwaben, deutsche
Könige und Kaiser des römisch-
deutschen Reiches herrschten sie
über halb Europa, vorwiegend
über Deutschland, Oberitalien und
das Königreich Sizilien, das damals
auch ganz Unteritalien umfasste.
Europa wurde durch sie nachhaltig
beeinflusst und geprägt, im politischen wie auch kulturellen Sinne.
Und auch das heutige Kulturland
Baden-Württemberg, der Südwesten Deutschlands, aus dem die
Staufer stammen, hat in ihrer Zeit
wesentliche Prägungen erhalten.
Bis heute sind es die Staufer, die
dem 1952 neu geschaffenen
Bundesland nicht nur eine, sondern wohl die Identität überhaupt
vermitteln, man denke nur an das
baden-württembergische Landeswappen mit den drei Stauferlöwen
als dem gemeinschaftlichen Symbol der verschiedenen Landesteile.
Es sind vor allem zahlreiche Städte
und Orte im Land, die einst das
Umfeld für die Geschichte der
Stauferzeit bildeten, in denen noch
wesentliche Zeugnisse dieser Zeit

Das Landeswappen von Baden-
Württemberg

zu finden und wo Geschichte und
Geschichten rund um die Staufer
bis heute lebendig geblieben sind.

Ihnen zu diesen Orten zu
folgen, ihre Zeit anhand des Se-
henswerten, aber auch durch die
Geschichte(n), die mit ihnen
verbunden ist/sind, nachzuvollzie-
hen und dadurch die Stauferorte
selbst in die größeren Zusammen-
hänge landes- und europaweit
bedeutender historischer Ereignisse
zu stellen, dies macht eine Reise
auf den Spuren der Staufer zu
einem bleibenden Erlebnis. Natürlich gibt es neben den eigentlichen
Stauferzeugnissen und -historien
noch vieles andere am Weg zu
entdecken: Tipps, die die Reisen
und Aufenthalte nicht nur ergän-

 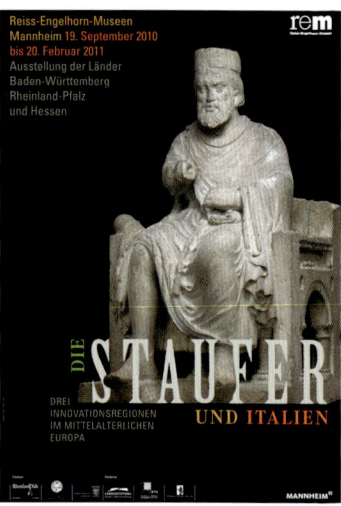

Zwei Staufer-Landesausstellungen in Baden-Württemberg: 1977 und 2010

zen, sondern über die Stauferepoche hinaus weitere spannende Einblicke eröffnen und Neues, oft Einzigartiges und Kurioses vermitteln. Auf den Spuren der Staufer zu wandeln heißt deshalb auch, Baden-Württemberg als vielfältiges Kulturland zu entdecken, dem die Staufer nachhaltig ihren Stempel aufgedrückt haben.

Über dreißig Jahre nach der Stuttgarter Landesausstellung „Die Zeit der Staufer" ist 2010 erneut eine große Landesausstellung den Staufern gewidmet.

Anders als jene von 1977, in der die Bedeutung der Staufer allgemein und in ihrem Stellenwert für den deutschen Südwesten im Besonderen hervorgehoben wurde, fokussiert sich die im Reiss-Engelhorn-Museum in Mannheim **1** vom 19. September 2010 bis 20. Februar 2011 stattfindende Ausstellung „Die Staufer und Italien" (Reiss-Engelhorn-Museen, Telefon 06 21/2 93 31 50, www.staufer2010.de) vor allem auf die europäische Dimension dieser Herrscherdynastie und ihre spezielle Bedeutung für die Entwicklungen, Gemeinsamkeiten und Vernetzungen zweier heute zentraler Länder in Europa. Erstmals präsentieren dabei drei Bundesländer und historische Regionen, Baden-Württemberg, Hessen und Rheinland-Pfalz, gemeinsam eine große Geschichtsschau über epochale, zukunftsprägende Entwicklungen in den Bereichen Wirtschaft und Wissenschaft, Kunst und Kultur sowie Recht und Religion in Europa, ausgehend von der Epoche der Staufer. Bedeutende Kunstwerke, viele davon bislang noch nie in Deutschland gezeigt, dokumentieren eindrücklich die Bedeutung dieser Zeit des Hochmittelalters bis in unsere Gegenwart. Über die Ausstellung hinaus erinnern aber im Südwesten auch zahlreiche stauferzeitlich geprägte Orte mit eigenen Ausstellungen, Veranstaltungen, Festen und speziellen Events an das bedeutende Herrschergeschlecht der Hohenstaufen.

Einige ausgewählte Stauferorte und -stätten zu besuchen, ihre Ursprünge und Beziehungen in der Stauferzeit und zu den Staufern aufzuspüren und dabei auch die gesamte Epoche der Staufer näher zu beleuchten, dies soll das Ziel dieses Führers sein. Folgen wir ihren Spuren durch Baden-Württemberg in die oft raue, doch stets faszinierende Welt des Mittelalters.

Die Staufer präg(t)en Baden-Württemberg

Der Rotenberg bei Stuttgart, einst Stammsitz der Grafen von Württemberg

Die Regionen des heutigen Baden-Württemberg waren in der Zeit der Staufer, also im 12. und 13. Jahrhundert, bereits schon weitgehend zusammengefasst. Außerdem, so erzählt zumindest eine Sage, verdankt der Landesteil Württemberg letztendlich einer Staufertochter seinen Namen.

Drei sehr konkrete Beziehungen sind es, die die Prägung Baden-Württembergs durch die Staufer am deutlichsten dokumentieren: Erstens stellte das Geschlecht über fast 200 Jahre hinweg die Herzöge von Schwaben, zweitens bildet ihr Wappen (drei schwarze schreitende Löwen im goldenen bzw. gelben Schild) seit 1952 das des Bundeslandes Baden-Württemberg und drittens verdankt der Landesteil Württemberg – zumindest der Sage nach – seinen Namen einer eigensinnigen

Tochter eines Stauferkaisers. Ob nun die Stauferjahre im Land aus stauferhistorischer Sicht zu Recht Stauferjahre waren, muss rückblickend auch nicht mehr interessieren. Dem Stauferjahr 1977 verdanken wir jedenfalls als bleibenden Wert die damals erfolgte Einrichtung der „Straße der Staufer", einer kulturhistorischen Touris-

---

Unser Tipp

Die Straße der Staufer

Anlass zur Einrichtung der Straße der Staufer war das Stauferjahr 1977. Gerade noch rechtzeitig

 **Straße der Staufer**

zur Eröffnung der damaligen Landesausstellung konnte die Beschilderung der ursprünglich 130 km langen Rundroute fertiggestellt werden, die dann 20 Jahre später sogar auf über 300 km Länge erweitert wurde. Eine attraktive Vielfalt an Sehenswürdigkeiten und historischen Schauplätzen steht im Stauferland wie von selbst zur Verfügung, um den Besuchern die Schönheit der Landschaft und die Geschichte der Staufer abwechslungsreich und spannend nahe zu bringen. Braune Schilder mit dem Emblem des Stauferlöwen und einer fünfzackigen Krone weisen den Weg durchs Stauferland und zu den staufischen Zeugnissen, die alle auf ihre spezielle Art die Geschichte dieses Geschlechts und seiner Zeit erzählen.

Information: Touristikgemeinschaft Stauferland, Telefon 0 71 71/6 03-42 10, www.stauferland.de

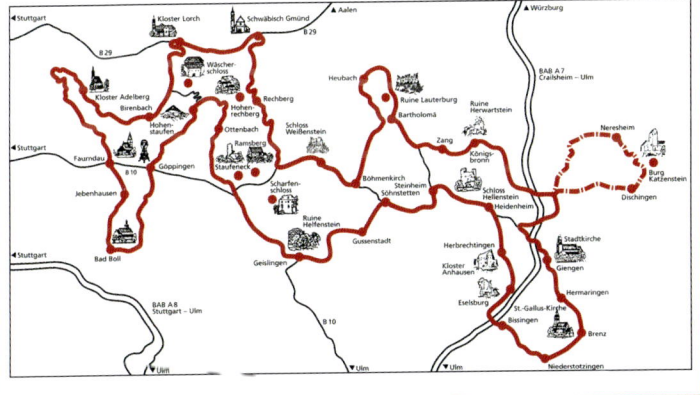

Sage: Wie Württemberg zu seinem Namen kam

Eine Tochter des großen Kaisers Barbarossa hatte sich einst in einen zwar hübschen, doch unstandesgemäßen Knappen verliebt. Die Zustimmung des Kaisers zu dieser Verbindung war nicht zu erwarten und so flohen die Liebenden und ließen sich am Neckar zu Füßen des Rotenbergs bei Stuttgart nieder, wo sie fortan eine Herberge betrieben. Nach vielen Jahren kam Barbarossa, als er wieder einmal in Schwaben weilte, beim „Wirt am Berg"

vorbei, wie die Herberge genannt wurde. Trotz der langen Trennung erkannten sich Vater und Tochter sofort und der Kaiser, glücklich, sein verlorenes Kind wiedergefunden zu haben, verzieh den Liebenden. Ja, er schenkte dem Paar sogar den Rotenberg und erhob den einstigen Knappen in den Grafenstand. Den Namen „Wirt am Berg" aber behielt dieser auch künftig bei und bald schon erbaute der neue Graf auf dem Rotenberg eine feste Burg und wurde zum Stammvater des Hauses und zum Namensgeber des Landes Württemberg.

musroute im Stammland des Staufergeschlechts auf der Schwäbischen Alb, die bereits seit über 30 Jahren dazu beiträgt, die Geschichte der Staufer und ihrer Zeit nicht nur wach zu halten, sondern den interessierten Gästen und Einwohnern Baden-Württembergs erlebbar zu machen. Darüber hinaus lassen sich aber auch an anderen Orten viele wesentliche Spuren verfolgen, die die Herrscherdynastie im „Ländle" hinterlassen hat.

Der Hohenstaufen – Namensgeber der Staufer

„Aller schwäb'schen Berge schönster", so bezeichnet der Dichter Ludwig Uhland den Hohenstaufen. Markant in Form und Lage zwischen den Tälern von Rems und Fils thront er über der Stauferstadt Göppingen und bildet zugleich das „majestätische" Herz des Stauferlands. Dieser Bergkegel, der – so Uhland – „hoch und schlank sich aufschwingt", leitet seinen Namen weitaus weniger prosaisch von der mittelalterlichen Bezeichnung „stauf" für einen glockenförmigen Becher her. Und gleich einem umgestülpten Becher liegt er vor der Nordkante der Schwäbischen Alb, dem sogenannten Albtrauf, den Uhlands Dichterkollege Eduard Mörike auch als „blaue Mauer" charakterisierte. Wissenschaftlich betrachtet ist der Hohenstaufen ein „Zeugenberg", womit Geologen das Phänomen umschreiben, dass einzelne, aus härterem braunem Jura bestehende Berginseln der stetigen Erosion am Albtrauf widerstanden, die seit Jahrmillio-

Der Hohenstaufen bei Göppingen, Stammsitz der Staufer

Die Reste der Reichsburg auf dem Hohenstaufen

nen den aus weicherem weißem Jura gebildeten Albtrauf Zentimeter um Zentimeter zurückdrängt. Diese Zeugenberge „zeugen" also davon, wie weit nach Norden die Schwäbische Alb einst gereicht hat, doch bestimmt nicht mehr in der Stauferzeit. Mehrere solcher Zeugenberge entlang des Albtraufs tragen nicht nur stolze Namen, sondern noch heute mächtige Burgen und Schlösser bzw. deren Überreste. So auch der Hohenzollern bei Hechingen, wo die Stammburg des zweiten von der Schwäbischen Alb stammenden Kaisergeschlechts den Berg bekrönt.

Kein anderer Berg der Schwäbischen Alb aber hat seit dem Mittelalter eine solche Faszination auf die Menschen in Schwaben ausgeübt wie der Hohenstaufen. Und dies nicht wegen seiner markanten Lage oder seiner geologischen Besonderheit, sondern weil auf ihm seit ca. 1077 die Stammburg eines der bedeutendsten Herrschergeschlechter stand, einer Dynastie, die den Namen dieses schwäbischen Berges in die Welt hinaustrug – der „Staufer". Wo aber saßen die Vorfahren der sich erst seit dem 11. Jahrhundert Staufer nennenden Familie zuvor? Diese Frage lässt sich mit einem einfachen Blick vom Hohenstaufen hinunter beantworten.

Wäschenbeuren –
Die Wiege der Staufer

Das Örtchen Wäschenbeuren  und die etwas außerhalb im Wald gelegene Wäscherburg, auch „Wäscherschlössle" genannt, liegen unmittelbar am Fuße des Hohenstaufen. Nach alter, wenn auch nicht ganz bewiesener Überlieferung gilt sie als die Wiege der Staufer, von wo aus die dort ansässigen Herren von Büren im 11. Jahrhundert, wie zu dieser Zeit in Adelskreisen vielerorts üblich, auf dem Gipfel des Hohenstaufen eine Burg erbauten und sich fortan nach dieser Burg und dem Berg „von Staufen" nannten. Die Wäscherburg und der Ort Wäschenbeuren selbst – hervorgegangen

Das Wäscherschloss am Fuße des Hohenstaufen

aus einem ehemaligen Maierhof – bildeten zusammen die Herrschaft Büren und damit den unmittelbaren Ursprung der Staufer. Wie aber kam der Sitz der Herren von Büren zu seinem doch recht seltsam anmutenden Namen „Wäscherschloss"?

Sage: Wie das Wäscherschloss seinen Namen erhielt

Die Historiker glauben, dass die Burg unter dem Stauferkönig Konrad IV. (1237–1254) in den Besitz des nahen Klosters Lorch gelangt war, welches dann im Jahr 1271 mit einem Ritter namens Konrad von Staufen, genannt „Waschert"(!), den Bürener Besitz gegen Güter im Nibelgau (Welzheimer Wald) tauschte. Die Sage dagegen hält für die „Wäscherburg" zwei weitaus enger an die Staufer angelehnte Erklärungen bereit: Der romantischen Version zufolge hatte Kaiser Friedrich Barbarossa einst eine Liebschaft mit einer Wäscherin, der er, als Dank für ihre Zuneigung, die Burg Büren zum Geschenk machte. Und tatsächlich ist im Gemeindewappen von Wäschenbeuren noch heute eine Wäscherin mit Waschbrett und Zuber abgebildet. Der anderen, eher praktisch orientierten Volkssage nach soll sich in der Wäscherburg die herzogliche und kaiserliche Hofwäsche der Staufer befunden haben. Wie dem auch sei, Tatsache ist, dass in der heute als Museum und für Veranstaltungen genutzten Burg wohl die Wiege der Staufer stand.

Unsere Tipps

- Staufergedenkstätte und Museum
- Kulturveranstaltungen im Burghof
- Mittelaltermarkt rund um das Schlössle
- Einkehrmöglichkeit im benachbarten Gasthof Wäscherhof

Information: Wäscherschloss, Telefon 0 71 72/62 32, www.waescherschloss.de

Die Burg Hohenstaufen – Der Stammsitz

Die Stammburg Hohenstaufen ❸ wird auch als „Horst, von dem aus die Adler in die Welt flogen, um zu herrschen", verklärt. Mitte des 11. Jahrhunderts, zur Regierungszeit der salischen Könige und Kaiser, wurde es unter den Adelsfamilien üblich, von ihren bisherigen Herrschaftssitzen auf befestigten Höfen in Hochflächen- und Tallagen in wehrhafte Burgen auf Bergkuppen und steilen Felsen zu ziehen. So entstanden zahlreiche neue adelige Machtzentren und zugleich oft namensgebende Stammburgen von Adelsfamilien. Diese boten nicht nur besseren Schutz vor Angreifern, sondern auch die Möglichkeit zu wirksamer politischer und militärischer Kontrolle eines bestimmten Gebietes. Der markante, weit das Umland überragende Kegel des Hohenstaufen war für solche Absichten geradezu ideal geeignet, daher verwundert es nicht, dass Friedrich von Staufen seine neue Burg gerade dort errichten ließ, und dies wohl noch vor seiner Erhebung zum Herzog von Schwaben im Jahr 1079. Die Burg bildete seitdem, zumindest unter den ersten staufischen Schwabenherzögen, das Macht- und Regierungszentrum der Staufer. Im Zuge des Aufstiegs späterer Familienangehöriger zum König- und Kaisertum verlor die Reichsburg auf dem Hohenstaufen diese Funktion aber zunehmend und so erfüllte sie

Die Stauferstele auf dem Hohenstaufen

mehr und mehr vor allem die Funktion einer Ministerialenburg staufischer Dienstmannen. Dennoch blieb die Burg stets, auch über den Untergang der Staufer hinaus bis zum Dreißigjährigen Krieg, eine Reichsburg und das Symbol der staufischen Herrschafts- und Kaisertradition in Schwaben. Dabei hatte wohl nur einmal ein Stauferkaiser die Stammburg des Geschlechts

Sage: Die Belagerung der Burg Hohenstaufen

König Lothar von Supplinburg, der Kontrahent des Staufer(gegen)königs Konrad III., und sein Schwiegersohn, Herzog Heinrich der Stolze von Bayern, belagerten im Jahr 1127 die Hohenstaufenburg, die vom bereits neunzigjährigen Vogt Sueneger und nur wenigen Kriegsknechten verteidigt wurde. Auch die kranke Herzogin Judith, die Gemahlin Herzog Friedrichs II. und Schwester des Belagerers Heinrich des Stolzen, befand sich mit ihren Kindern in der Burg, darunter der kleine Friedrich, den man später Barbarossa nannte. Er teilte sein Essen mit den Not leidenden anderen Kindern, als Wasser und Lebensmittel immer knapper wurden. In letzter Verzweiflung befahl Vogt Sueneger, das noch verbliebene Getreide an den letzten Ochsen zu verfüttern und das wohlgenährte Tier über die Burgmauer zu werfen. Die Belagerer sollten glauben, den Burginsassen ginge es noch immer so gut, dass sie auf diesen Ochsen verzichten konnten. Doch die List bewirkte nichts. Bald darauf starb Herzogin Judith. Der Burgkommandant bat daraufhin König Lothar und Herzog Heinrich, die Tote ins nahe Kloster Lorch überführen zu dürfen, um sie in der dortigen Familiengrablege der Staufer beisetzen zu lassen. Dies wurde gestattet und als Judiths Leiche durch das Lager der Burgbesetzer getragen wurde, brach ihr Bruder über der Bahre zusammen, begleitete die tote Schwester nach Lorch und kehrte nicht mehr zum Hohenstaufen zurück. Alleine konnte König Lothar die Belagerung nicht fortsetzen und zog daher auch von dannen. So wurde Barbarossas Mutter, die Welfin Judith, noch im Tode zur Retterin der Hohenstaufenburg.

Die Barbarossakirche

Älteste erhaltene Ansicht der Burg
Hohenstaufen

tatsächlich besucht, als Friedrich Barbarossa im Mai 1181 nachweislich auf dem Hohenstaufen weilte. Mit dem Ende der Staufer erfolgte auch der Niedergang des Stammsitzes, und nachdem die Bauern die Burgreste im Jahr 1525 im Großen Bauernkrieg niedergebrannt hatten, diente die Ruine lediglich noch als Steinbruch für Baumaterial, das für das neue Göppinger Schloss der Herzöge von Württemberg benötigt wurde. Was

von der Burg blieb, waren Ruinen, einige wenige Mauerreste, die dem Besucher des Hohenstaufengipfels bis heute symbolträchtig von der einstigen Macht und Größe berichten, ebenso wie die erst vor einigen Jahren aufgestellte Stele mit dem Stauferwappen und den Namen der staufischen Herrscher.

Konkrete Informationen zu den Staufern, ihrer Zeit und ihrem Nachleben bis in die Gegenwart finden sich im „Dokumentationsraum für staufische Geschichte" direkt am Fuße des Burgberges, einer wahren Fundgrube für jeden Stauferinteressierten. Neben zahlreichen Grabungsfunden und Rekonstruktionen von der Hohenstaufenburg, ausgestellten Exponaten als Zeugen der hohen kulturellen Blüte der Stauferzeit und dem Stauferland sowie einer umfangreichen Stammtafel des Geschlechts, ist auch der Staufertradition und ihrem Nachleben in (Südwest-) Deutschland bis in unser Jahrhundert viel Raum gewidmet. In dieser Tradition steht auch die unmittelbar oberhalb des Dokumentationsraumes am Weg zur Burgruine gelegene „Barbarossakirche". Nachgewiesen ist sie erstmals 1228 als Jakobuskirche, ihre heutige Form hat sie erst im 15. Jahrhundert erhalten. Noch später, nämlich 1859, ist die Westfassade entstanden, mit den Wappen der staufischen Herrschaftsgebiete und der sieben Kurfürsten sowie dem Reichsadler, umgeben von den Namen der Stauferkönige und -kaiser. Einer von ihnen, dem die Kirche auch ihren Namen verdankt, soll sie sogar betreten haben – Friedrich Barbarossa. So will es zumindest die über der nördlichen Pforte im Innern angebrachte Inschrift „Hic transibat Caesar" (Hier trat der Kaiser ein) Glauben machen. Wenn, dann könnte dies nur im Jahr 1181 erfolgt sein, als der Kaiser nachweislich auf dem Hohenstaufen weilte.

Unsere Tipps

- Burgruine mit Stauferstele und herrlichem Panoramablick auf Schwäbische Alb und Alb-Vorland
- Dokumentationsraum zur staufischen Geschichte mit neu gestalteter Dauerausstellung im Ort Hohenstaufen
- Barbarossakirche oberhalb des Dokumentationsraums
- Burgweg zur Ruine und Rundweg um den Hohenstaufen ab der Barbarossakirche

Information: Touristinformation Göppingen, Telefon 0 71 61/65 02 92, www.goeppingen.de

Göppingen –
Die Hohenstaufenstadt

Am Fuße des Hohenstaufenberges liegt die Kreisstadt Göppingen ④, die ihre Gründung, wie könnte es anders sein, natürlich den Staufern verdankt. Demzufolge zeigte der ursprüngliche Stadtgrundriss das typische Stauferschema eines Straßenmarktes mit rechtwinklig abzweigenden Straßen und Gassen, gelegen an der Fernverbindung zwischen Brügge und Venedig. Eigentlich gilt der Stauferherzog Friedrich II. von Schwaben als der Stadtgründer Göppingens, doch die Ursprünge Göppingens liegen historisch gesehen viel weiter zurück, denn die Endung „-ingen" deutet zurück bis auf alamannische Zeit. Nach dem Untergang der Staufer gelangte die Stadt 1273 an die Grafen von Württemberg, die sie zur Amtsstadt machten. Das eindrücklichste Zeugnis aus dieser Epoche ist das von Herzog Christoph von Württemberg (1515–1568) im Renaissancestil errichtete Schloss mit der berühmten Rebensteige, in dem auch Steine der Hohenstaufenburg als Baumaterial verwendet worden sind. Die beiden Stadtbrände von 1425 und 1782 und die damit verbundene fast völlige Zerstörung der ältesten Bausubstanzen Göppingens hat als ältestes Bauwerk der Stadt die gotische, 1436 errichtete Oberhofenkirche überstanden. Gott sei Dank, denn in der Eingangshalle dieser Kirche ist ein Fresko aus der zweiten Hälfte des 15. Jahrhunderts erhalten geblie-

Hildegard von Egisheim

Die romanische Stiftskirche in Faurndau

Taufschale von Friedrich Barbarossa

ben, auf dem eine Darstellung der Burg Hohenstaufen zu sehen ist. Es handelt sich dabei um die wohl älteste Ansicht der Staufer-stammburg, die wir heutzutage kennen (siehe Seite 17).

Ebenfalls von den Stadtbrän-den verschont geblieben ist auch das Fachwerkhaus, in dem sich heute das „Städtische Museum im Storchen" befindet. Im Erdge-schoss ist die Stauferhalle einge-richtet, mit bedeutenden Origi-nalen und Nachbildungen zu Geschichte, Kunst und Kultur der Staufer und ihrer Zeit. So zum Beispiel die Totenmaske der staufischen Stammmutter Hilde-gard von Egisheim, eine Nachbil-dung des Cappenberger Barba-rossakopfs und der Taufschale Kaiser Friedrichs I. Barbarossa, staufische Gold-und Silbermünzen, Urkundenkopien und die Original-plastiken von den Außenwänden der Stiftskirche Faurndau. Sie zählen zu den bedeutendsten Zeugnissen sakraler Skulpturen-kunst der Stauferzeit und tragen mit dazu bei, dass die Faurndauer Kirche heute zu den hochrangigsten Baudenkmalen staufisch-spätromanischer Sakralarchitektur in Süddeutschland gehört. Die Kirche selbst in ihrer heute erhaltenen Form stammt aus der Zeit um 1200 und zeigt den für die spätstaufische Architektur typischen Stil. Speziell ihr Reichtum an Plastiken und architektonischen Zierformen verleiht der Stiftskirche von Faurndau ihren besonderen Stellenwert und macht sie – neben St. Johannis in Schwäbisch Gmünd, St. Veit in Ellwangen und St. Gallus in Sontheim-Brenz – zu einem der bedeutendsten staufisch-romanischen Sakralbauten in Baden-Württemberg.

Unsere Tipps

- Oberhofenkirche mit der ältesten Darstellung der Burg Hohenstaufen (Fresko in der Vorhalle)
- Museum im Storchen mit zahlreichen Exponaten zur Staufergeschichte (Totenbüste der Staufer-Stammmutter Hildegard von Egisheim, Kopien des Cappenberger Barbarossakopfs und der Taufschale Barbarossas, Originalplastiken der Stiftskirche Faurndau, Urkunden, Siegel und Münzen der Stauferzeit)
- Renaissanceschloss der Herzöge von Württemberg mit der berühmten Rebensteige
- Märklin Museum mit Modellen von Loks, Wagen und Spielzeug aus mehr als 100 Jahren Märklin-Geschichte, Modellbahnanlagen, Werkstatt für Wartung und Reparaturen

Information:
Touristinformation Göppingen, Telefon 0 71 61/65 02 92, www.goeppingen.de
Märklin Erlebniswelt, Telefon 0 71 61/60 82 89, www.maerklin.de

Lorch –
Das Hauskloster der Staufer

Fährt man von Göppingen im Filstal in einem weiten Bogen um den Hohenstaufen herum, so gelangt man nach Lorch im Remstal ❺. Hier, nur wenige Kilometer vom Hohenstaufen entfernt, liegt auf dem Liebfrauenberg das Kloster. Genau dort, wo der obergermanische auf den rätischen Limes traf, stiftete Herzog Friedrich I. von Schwaben 1102 ein Benediktinerkloster als Hauskloster der staufischen Familie. Seine Stiftung sollte dem Seelenheil der staufischen Familienangehörigen und vor allem als Grablege der seit 1079 herzoglichen Stauferfamilie dienen. Doch sicherlich spielten neben geistlichen auch konkrete politische Überlegungen bei Friedrich eine nicht unwesentliche Rolle, um seine neu erworbenen

Kloster Lorch, Hauskloster und Grablege der Staufer

Herrschaftsbereiche zu erweitern bzw. zu festigen. Und schließlich lag Lorch nicht weit von den Besitzungen des salischen Kaiserhauses um Waiblingen, die Friedrichs Gemahlin Agnes, die Tochter Kaiser Heinrichs IV., des „Canossa-Kaisers", in die Ehe mit dem Staufer eingebracht hatte.

Als der Stifter Friedrich I. im Jahr 1105 starb, war er der erste Staufer, der in Lorch beigesetzt wurde, allerdings erst 1140. Nicht sicher ist, ob auch seine Gattin Agnes, die Kaisertochter, dort ruht. Nachweislich aber fanden Friedrichs Brüder Walther und Ludwig dort ihre letzte Ruhe. Auch die Beisetzung von Judith von Bayern, der Welfin und Mutter Barbarossas, in Lorch ist sehr wahrscheinlich, ebenso wie die Herzogs Friedrich IV. von Schwaben, eines Sohnes Kaiser Friedrich Barbarossas. Der Vetter des Kaisers, Heinrich, der neben seinem Vater Konrad III. 1147 zum deutschen König gekrönt worden war, jedoch bereits 1150 verstarb, ist der einzige staufische König, der in Lorch bestattet ist. Denn ob in Lorch auch König Konrad III. neben seiner ersten Gemahlin Gertrud von Comburg seine letzte Ruhestätte fand, ist doch stark zu bezweifeln. Die letzten namhaften Mitglieder der Stauferfamilie, die

Die Staufer-Tumba

in der Lorcher Gruft beigesetzt wurden, sind die Kaisertochter Irene von Byzanz († 1208), die Gemahlin König Philipps von Schwaben, sowie ihre Tochter Beatrix († 1208), bei deren Geburt Irene starb.

Durch seine Funktion als Familiengrablege war Lorch vor allem in den Anfangszeiten staufischer Herrschaft der geistliche Mittelpunkt des Stauferhauses. Die

Szene von Hans Kloss aus dem Stauferrundbild mit dem Wäscherschloss und der Hohenstaufenburg

Blütezeit Lorchs währte jedoch nur knapp ein Jahrhundert. Erst 1475 erinnerte sich der damalige Abt wieder des staufischen Ursprungs und der ursprünglichen Bedeutung Lorchs als Hauskloster der Staufer und ließ die Gebeine der Staufer-angehörigen in ein Sammelgrab (Tumba) im Langhaus der Kloster-kirche umbetten, deren Deckel ein Adler als Symbol des Reiches sowie die drei Stauferlöwen zieren.

An den Langhauspfeilern der Klosterkirche ließ er Bildnisse von den wichtigsten Angehörigen des Stauferhauses anbringen, die natürlich nicht dem wirklichen Aussehen entsprechen. Dennoch geriet die Bedeutung Lorchs in der Stauferzeit über die Jahrhunderte abermals in Vergessenheit.

Dieser Vergessenheit begegnete der Lorcher Künstler Hans Kloss mit einem monumentalen Kunstwerk, durch das er die Zeit der Staufer farbenprächtig wiederauferstehen ließ. Er schuf in vierjähriger Arbeit, die er 2002 abschloss, ein riesiges Rundbild von 4 Metern Höhe und 30 Metern Länge, in dem er 200 Jahre Geschichte rund um das schwäbische Herzogs- und Kaisergeschlecht in leuchtenden Farben bildlich nachvollzieht. Vom Aufstieg der Staufer, beginnend im 11. Jahrhundert im nahen Wäscherschloss, über die großen Kaisergestalten Friedrich Barbarossa und Friedrich II. bis hin zum tragischen Ende des Geschlechts durch die Enthauptung Konradins auf dem Marktplatz von Neapel 1268 spannt sich der Bogen. Über 1200 Personen und mehr als 600 Tiere bevölkern die Szenerien, vom Bettler bis zum Kaiser und von Pferden bis zu Kamelen und Giraffen. Die älteste Darstellung der Stauferburg ist ebenso im Bild zu finden wie kaiserliche Hoftage, Papstkonzile, Städtebelagerungen oder der Tod Barbarossas im kleinasiatischen Fluss Saleph. Insgesamt ein einzigartiges Werk, das die Zeit der Staufer eindrücklich und kompakt vor dem Betrachter lebendig werden lässt.

Unsere Tipps

- Klosterkirche mit Bildern der Stauferherrscher und Tumba (Sammelgrab) der frühen Staufer
- Staufisches Rundbild von Hans Kloss: farbenprächtiges Gemälde der gesamten Staufergeschichte, 30 Meter lang und 4 Meter hoch
- Römischer Limes-Wachturm beim Kloster (Rekonstruktion)
- Die Schelmenklinge, ein feuchtfröhliches Kinderparadies mit verschiedenen Wasserspielen und -erlebnissen

Information: Touristikbüro Lorch, Telefon 0 71 72/92 84 97, www.stadt-lorch.de und www.kloster-lorch.com

Schwäbisch Gmünd – Die älteste Stauferstadt

Vier wesentliche Dinge waren es zumeist, die den Stand und Stellenwert einer Hochadelsfamilie im Mittelalter nach außen hin manifestierten: Die Herkunft und vornehme Abstammung, die verwandtschaftlichen Beziehungen des Geschlechts zu höchsten Kreisen, ein Stammsitz als Herrschaftszentrum und ein Hauskloster als geistlicher Mittelpunkt und Familiengrablege. Als fünfte Komponente kam seit der Stauferzeit immer mehr auch die Gründung von Städten hinzu, wofür die nahe dem Hauskloster Lorch gelegene Stadt Schwäbisch Gmünd  exemplarisch ist. Sie gilt als die älteste bezeugte staufische Stadtgründung in Baden-Württemberg und ist zugleich ein eindrückliches Zeugnis staufischer Stadtarchitektur. Bis heute sind in Gmünd noch Teile der staufischen Stadtanlage erhalten und an etlichen Bauwerken nachvollziehbar.

Die ältesten Stadtchroniken nennen den ersten Stauferherzog Friedrich I. von Schwaben und seine Gemahlin Agnes als Gründer von Schwäbisch Gmünd, obwohl der Ortsname bereits 782 in einer von Karl dem Großen ausgestellten Urkunde auftaucht. Der Enkel Herzog Friedrichs, Kaiser Barbarossa, erhob Gmünd 1162 als ersten Marktort in Schwaben zur Stadt. Das dokumentiert, welchen Stellenwert die Staufer Gmünd als Wirtschaftsstandort beimaßen, denn durch seine Lage an der Remstalstraße war der Platz prä-

Die Johanniskirche in Schwäbisch Gmünd

destiniert als staufisches Wirtschafts- und Verwaltungszentrum. Für die Bedeutung der Stadt spricht auch die Tatsache, dass mehrere Staufer-Könige (Konrad III., Barbarossa, Heinrich VI. und Konrad IV.) sich nachweislich in Schwäbisch Gmünd aufgehalten haben. Damit sind mehr Aufenthalte von Stauferherrschern in der Stadt belegt als auf der nahe gelegenen Stammburg Hohenstaufen.

Der als letzter Staufer bezeichnete Konradin hat 1266 in Gmünd gar das Weihnachtsfest gefeiert, ehe er im darauffolgenden Jahr zu seinem so tragisch endenden Italienzug aufbrach. Vielleicht hat er sogar in der romanischen Johanniskirche, dem hervorragendsten Zeugnis staufischer Architektur in der Stadt, die

Relief am Eingang

Christmesse besucht. Da sich der Kirchenbau in die Zeit zwischen 1210 und 1240 datieren lässt, ist diese Vermutung nicht unbegründet, denn das von Heinrich und Peter Parler als größte gotische Hallenkirche Schwabens errichtete

Sage: Der verlorene Ring der Herzogin Agnes

Auf dem Platz, auf dem bis heute die Johanniskirche steht, soll zuvor bereits eine Vorgängerkapelle gestanden haben. Diese sei genau an der Stelle errichtet worden, an der Agnes, die Gemahlin Herzog Friedrichs I. und Mitbegründerin von Gmünd,

einst ihren bei einer Jagd verlorenen Trauring wiedergefunden hatte, woraufhin sie zum Dank für diese göttliche Fügung die Kapelle gestiftet hatte. Eine andere Version der Ringsage macht diese „sagenhafte" Gründung von St. Johannis sogar zum Ausgangspunkt für die Entstehung der Stadt Schwäbisch Gmünd überhaupt.

Heilig-Kreuz-Münster wurde erst um 1310 begonnen. Die Johannisbasilika dokumentiert eindrücklich den romanischen Stil der Mitte des 13. Jahrhunderts und wird nicht nur wegen des angeblich schönsten romanischen Kirchturms in Schwaben noch heute bewundert. Auch der ebenso reiche wie bizarre plastische Schmuck an den Außenfassaden der Kirche ist einzigartig.

Unsere Tipps

- Romanische Johanniskirche mit Dämonenfratzen an den Außenwänden, Skulpturen im Innenraum und Bild von der Ringsage
- Gotisches Heilig-Kreuz-Münster von Heinrich und Peter Parler
- Museum im Prediger mit Ausstellungen, Zeugnissen zur Stadtgeschichte und dem Bild „Wahre Länge Christi"
- Ott-Pauser'sche Fabrik: eine im ursprünglichen Zustand erhaltene Produktionsstätte von Silberwaren
- Mus-du-seum im Schmiedturm mit überraschenden Electronic-Art-Projekten des Künstlers Walter Giers (plappernde Grabsteine, „Tibet Dancing", Zwitscheranlage und viel mehr)
- „Naturatum": ein Walderlebnispfad im Taubental mit Barfuß- und Geschicklichkeitspfad, begehbarem Fuchsbau, 2,5 km lang. Reinhard der Fuchs begleitet die Besucher zu allen Stationen, an denen sie etwas ausprobieren oder unternehmen können
- Erlebniszentrum Weleda Naturals: die Naturprodukte von Weleda erleben, fühlen, riechen, schmecken und entdecken, Heilpflanzengarten und Freilandanbau, Beete und Gewächshäuser, Insektenhotel, Tinkturenherstellung, Führungen und Verkaufsshop
- Miedermuseum in Heubach bei Schwäbisch Gmünd: den Damen unters Kleid geschaut, Mieder-, Dessous- und Bademode vom Mittelalter bis heute, Fabrikverkauf von Triumph

Information:
i-Punkt Schwäbisch Gmünd, Telefon 0 71 71/6 03-42 50,
www.schwaebisch-gmuend.de
Weleda Naturals GmbH, Telefon 0 71 71/8 74 88 11, www.weleda-naturals.de
Miedermuseum Heubach, Telefon 0 71 73/18 10

Die Drei-Kaiser-Berge

Von der ältesten Stauferstadt Schwäbisch Gmünd geht der Blick hinauf zum Hohenrechberg, zum mittleren der sogenannten „Drei-Kaiser-Berge" ❸, wie die drei markanten, das Stauferland überragenden Bergkegel des Hohenstaufen (683 m), des Rechbergs (707 m) und des Stuifen (757 m) in Anlehnung an die drei aus dem Staufergeschlecht stammenden Kaiser bezeichnet werden. Den Hohenstaufen haben wir als Träger der staufischen Stammburg und Namensgeber des Geschlechts bereits kennengelernt. Der Hohenstaufen und der Rechberg sind direkt verbunden durch den gemeinsamen Bergsockel des sogenannten „Asrückens".

Obwohl der höchste der Dreiergruppe und in seiner Erscheinung nicht weniger imposant aufragend als seine beiden Nachbarberge, tritt der Stuifen von seiner historischen Bedeutung her zumeist

Die Drei-Kaiser-Berge: Stuifen (links), Hohenstaufen (Mitte) und Rechberg (rechts)

Der Dokumentationsraum für staufische Geschichte am Fuße des Hohenstaufen

hinter die beiden anderen Bergkegel zurück. Vielleicht liegt es daran, dass er einst keine stolze Burg trug wie der Rechberg oder gar der Hohenstaufen, den Justinus Kerner angesichts der nur noch spärlich verbliebenen Burgreste im 19. Jahrhundert als „den alten Fels öd und beraubt" beschrieb. Ganz anders dagegen der Rechberg, der heute die besterhaltene Ruine der Schwäbischen Alb trägt. Diese 1179 erstmals erwähnte mächtige Wehranlage

bildete zur Stauferzeit einen wichtigen Teil des Ringes von Befestigungen, der sich als Schutz um die Reichs-und Herzogsburg Hohenstaufen zog. Im Gegensatz zur Letzteren war sie die erste Burg eines staufischen Dienstmannes. Und obwohl sie 1865 einem durch Blitzschlag ausgelösten Brand zum Opfer fiel, bildet sie noch immer ein anschauliches Beispiel für den Burgenbau in staufischer Zeit mit der typischen Buckelquadertechnik.

Sage: Die Irrlichter auf dem Asrücken

Noch heute glauben manche Leute, auf dem Höhenzug des Asrückens zwischen Hohenstaufen und Rechberg nachts kleine Flämmchen umherirren zu sehen. Besonders ein Licht ist größer als die anderen. Das soll der Geist von Kaiser Barbarossa sein, der die einst stolze Stammburg der Staufer sucht und mit ihr auch das große alte Reich der Staufer. Ihm folgt ein kleineres Lichtlein, der arme Konradin, sein Urur-enkel, der als der „letzte Staufer" in Neapel enthauptet wurde und der es bitter bereut, die Burg seiner Vorfahren in seinem kurzen Leben völlig vergessen zu haben.

Manche Leute meinen aber auch, zu bestimmten Zeiten ein wildes Getöse über dem Asrücken zu vernehmen. Dies, so sagt man, sei das „Muotesheer", womit nichts anderes gemeint ist als das Heer Wotans, des germanischen Obergottes, der zu bestimmten Zeiten nächtens durch die Lande zieht.

Unsere Tipps

- „Kinderparadies Stauferland": Infoflyer mit Angeboten für die ganze Familie; spannende Entdeckungstouren, Museen, Sportangebote, Naturerlebnisse, Abenteuerspielplätze, Streichelzoos, Höhlen, Freizeitparks und vieles mehr rund um die Drei-Kaiser-Berge
- „Steiff Erlebniswelt" in Giengen an der Brenz: ein Erlebnis für Groß und Klein auf einer Reise durch die Vielfalt der weltbekannten Kuscheltiere mit dem größten Steiff-Streichelzoo der Welt, beim Zusehen, wie Steifftiere entstehen, und natürlich im Steiff-Shop und im Restaurant „Knopf"; das Steiff-Museum ist ausgezeichnet als „Besonders familienfreundlich".

Information: Touristikgemeinschaft Stauferland, Telefon 0 71 71/6 03-42 10, www.stauferland.de
Steiff Erlebniswelt, Telefon 0 73 22/13 17 00, www.steiff.de

Burg Katzenstein – Die besterhaltene Stauferburg

Burg Katzenstein bei Dischingen auf dem Härtsfeld

Vorwiegend im 16. Jahrhundert waren die meisten auf staufische Gründungen zurückgehenden Burgen von ihren Bewohnern verlassen worden und allmählich zerfallen bzw. dienten noch als Materiallieferanten für den Bau kleiner Residenzen in den Städten. Einer Burg aus staufischer Zeit blieb dieses Schicksal allerdings erspart und so ist sie heute das wohl beste, weil nahezu vollständig erhaltene Zeugnis staufischen Burgenbaus auf der Schwäbischen Alb: die Burg Katzenstein zwischen Neresheim und Dischingen ❼. Sie verkörpert den Idealtyp einer mittelalterlichen Stauferburg. Als Besitzer sind erstmals Ende des 11. Jahrhunderts die Herren „de Cazzenstein" genannt. Die ebenflächigen Kalksteinquader am Sockel des sogenannten „Katzenturms" sind dieser Zeit zuzurechnen und stehen im zeitlichen wie stilistischen Gegensatz zu den noch bestens erhaltenen staufischen Buckelquadermauern am Schaft des Bergfrieds. Dieser hochaufragende Bergfried ist es vor allem, der die Burg als Urbild eines mittelalterlichen Wehrbaus erscheinen lässt. Außerdem sind aus staufischer Zeit noch die Ringmauer, ein Teil des Palas mit einer Brunnenhalle sowie ein Kapellentrakt mit romanisch-frühgotischen Stilelementen erhalten. Im Chor der Kapelle wurden 1974 romanische Wandmalereien freigelegt, die zweifellos zu den wichtigsten Freskomalereien aus der Übergangszeit von der Spätromanik zur Frühgotik in Schwaben zählen.

Die Burg Katzenstein ist sogar so gut erhalten, dass man dort auch wohnen kann. Die heutigen Besitzer haben Zimmer, Ferienwohnungen und eine Burgschenke eingerichtet, bieten in der ehemaligen und instand gesetzten Brunnenstube ein deftiges Rittermahl für Gruppen und organisieren auf der Burg viele Veranstaltungen von Konzerten bis hin zu historischen Jahrmärkten. Natürlich kann die Burg auch besichtigt werden: Hier führt der Burgherr noch persönlich.

Unsere Tipps

- Burgführung (Bergfried, Burgkapelle mit romanischen Fresken, Palas)
- Burgschenke mit deftigen schwäbischen Spezialitäten
- Rittermahl mit Unterhaltung und Gesang in der Brunnenhalle (auf Anmeldung für Gruppen)
- Info-Stelle des Nationalen, Europäischen und UNESCO-Geoparks Schwäbische Alb
- Übernachtungsmöglichkeiten auf der Burg in Zimmern und Ferienwohnungen
- Umfangreiches Veranstaltungsprogramm übers ganze Jahr (Konzerte, Märkte, Ausstellungen)
- Baden im nahe gelegenen Härtsfeldsee
- Museumsbahn „Schättere" von Dischingen nach Neresheim (Tipp: die einmalige Barockklosterkirche von Baltasar Neumann, Spezialitäten aus regionalen Produkten in der Klosterschenke)

Information:
Burg Katzenstein (Familie Walter), Telefon 0 73 26/91 96 56,
www.burgkatzenstein.de
Touristinformation Neresheim, Telefon 0 73 26/81-49, www.neresheim.de

Ellwangen – Die Klosterstadt

Beeindruckende Spuren der Staufer finden sich auch in der unweit von Burg Katzenstein gelegenen Stadt Ellwangen auf der östlichen Schwäbischen Alb **8**. Diese Stadt ist zwar weder eine Staufergründung, noch gehörte sie zum einstigen staufischen Besitz, sondern sie war als Sitz von Fürstpröbsten der Mittelpunkt eines eigenständigen Herrschaftsgebildes. Dennoch birgt Ellwangen das wohl bedeutendste Zeugnis stauferzeitlichen Kirchenbaus und sollte von keinem Stauferinteressierten links liegen gelassen werden.

Überragt von der barocken Wallfahrtskirche auf dem Schönenberg und der mächtigen Renaissance-Schlossanlage dominiert der wuchtige romanische Bau der St.-Veit-Basilika das Stadtbild – das Ergebnis einer über 1200-jährigen

Die St.-Veit-Basilika in Ellwangen

Stadtbild einer Klosterstadt – drei Kirchen und das Schloss der Fürstpröbste

Geschichte, die mit einer kleinen Siedlung namens „Elehenwang" – was so viel wie „abschüssige Wiese" bedeutet – begann. Durch die Vereinigung dieser ursprünglichen Siedlung mit der später um das alte Kloster entstandenen Bürgersiedlung erreichte der Ort in der ersten Hälfte des 13. Jahrhunderts mit der erstmaligen Bezeichnung als Stadt 1229 seinen vorläufigen Höhepunkt in der Stauferzeit. In der Stadt besteht bis heute ein Straßennetz, das sternförmig von der Basilika ausgeht. Dieser, im Gegensatz zu den charakteristischen Stauferstädten, typische Grundriss einer Klosterstadt überlebte selbst zahlreiche Stadtbrände.

Uneingeschränkter Mittelpunkt und Wahrzeichen Ellwangens ist die ehemalige Klosterkirche. Eine Quelle aus der Zeit um 850 berichtet von der Stiftung eines Klosters im Virngrund, das Ende des 8., Anfang des 9. Jahrhunderts schon zu den großen Reichsabteien zählte und seit dem 11. Jahrhundert, begünstigt von Kaisern und Königen, auch zu großer politischer Bedeutung aufstieg. Die bestehende Basilika und ehemalige Klosterkirche St. Veit entstand in der Zeit zwischen 1182 und 1233. Die Hauptbauphase fällt damit in die Regierungszeit des Abtes Kuni I., einem loyalen Anhänger des staufischen Kaiserhauses und Berater Kaiser Friedrichs II. Der

monumentale Bau aus der Stauferzeit gilt heute nicht nur als die
bedeutendste romanische Gewölbe-
basilika Schwabens, sondern auch
als das hervorragendste sakrale
Baudenkmal der staufischen
Kaiserzeit in deren Stammland.
Obwohl im Grundriss und den
Ausmaßen eher bescheiden gehal-
ten, gleichen Fassaden und Erscheinungsbild von St. Veit eher einem
der großen romanischen Kaiser-
dome als den gleichzeitig entstandenen Klosterkirchen Schwabens,
architektonische Anregungen der
rheinischen Dome in Mainz und
Worms für die Ellwanger Basilika
sind unverkennbar.

Am eindrücklichsten doku-
mentieren dies die Ostseite und die
Westvorhalle von St. Veit, die dort
eingebaute Michaelskapelle, die
Krypta sowie das schon mit Rip-
pen unterlegte Kreuzgewölbe im
Chor. Im krassen Gegensatz zu
diesen ursprünglichen Elementen
steht die zwischen 1737 und 1740
erfolgte barocke Innenausstattung
der Basilika. Trotz der Barockver-
kleidung im Innern ist jedoch der
Bautypus der romanischen Basilika
von außen her architektonisch
eindeutig geblieben. Nicht nur die
romanische Architektur, sondern
auch ihre Bedeutung für Kunst und
Kultur machen diese Ellwanger
Basilika und ehemalige Klosterkirche zu einem bedeutenden
Zeugnis der Stauferzeit in Baden-
Württemberg.

Unsere Tipps

- Basilika St. Veit, einer der bedeutendsten Sakralbauten der Stauferzeit
- Wallfahrtskirche Schönenberg, ein Juwel der Barockarchitektur
- Residenzschloss der Fürstpröbste: Barockanlage mit Schlossführungen, -kon-
  zerten und -museum, u. a. einer bedeutenden Sammlung von Puppenstuben
  und -küchen aus mehreren Jahrhunderten
- Alamannenmuseum mit bedeutenden Funden der Alamannenzeit auf der Ostalb
- Ellwanger Seenland, ein Paradies für Wanderer, Radler, Camper und Wasser-
  ratten
- Wellenbad Ellwangen für Freizeitvergnügen und zum Wohlfühlen
- Droschkenlinie (Stadtrundfahrten per Kutsche an Wochenenden) und Post-
  kutschenfahrten (von Ellwangen nach Dinkelsbühl, ganztägig zu bestimmten
  Terminen von Mai bis September)
- Limeskastell und Limestor (Rekonstruktion) bei Rainau

Information: Touristinformation Ellwangen, Telefon 0 79 61/8 43 03,
www.ellwangen.de

Waiblingen – Die Basis des Stauferaufstiegs

An elf europäischen Orten, in Italien, Frankreich und Deutschland, stehen Stelen, die an die europaweite Bedeutung des Staufergeschlechts erinnern. Fünf dieser Steinmonumente mit achteckigem Grundriss, einem goldenen Band als Symbol der Kaiserkrone, dem Stauferwappen und den Namen der staufischen Herrscher, stehen alleine in Baden-Württemberg. Zwei davon an Orten, die bereits beschrieben wurden: auf dem Hohenstaufen, wo die Stammburg stand, und beim Kloster Lorch, dem Hauskloster als der frühen Staufergrablege. Eine weitere befindet sich nicht weit davon in Waiblingen **9**.

Hier war seit dem 10. Jahrhundert das Geschlecht der Salier begütert und eben diese salischen

Der Hochwachtturm, ein letztes Zeugnis der Stauferzeit

Beim Staufer-Spektakel

Hausgüter bildeten ab der zweiten Hälfte des 11. Jahrhunderts die wesentliche Grundlage für den Aufstieg der Staufer bis an die Spitze des Reiches. Sie sind auch ein beredtes Beispiel dafür, wie im Mittelalter durch geschickte Heiratspolitik Macht und Herrschaftsansprüche erworben werden konnte, und welche Bedeutung in diesem Zusammenhang auch die Ehefrauen für die Entwicklung einer Dynastie spielten. So gewannen die Staufer durch die Heirat Friedrichs von Büren, des Vaters des ersten Stauferherzogs gleichen Namens, mit Hildegard aus dem alten elsässischen Adelsgeschlecht der Egisheim-Dagsburg erstmals an überregionaler Bedeutung. So wie Hildegard, als Stammmutter der Staufer, am Anfang von deren Aufstieg in den Hochadel stand, stand die Tochter Kaiser Heinrichs IV., dessen Bußgang nach Canossa 1077 bis heute sprichwörtlich ist, wiederum am Anfang der Staufer auf ihrem Weg zum König- und Kaisertum. Heinrich hatte 1079 Agnes seinem treuen Gefolgsmann, dem Staufer Friedrich, der ihn auch nach Canossa begleitet hatte, zur Gemahlin gegeben und den Schwiegersohn zum Herzog von Schwaben erhoben. Durch diese Ehe mit der Kaisertochter Agnes und der Erhebung in das Herzogsamt stiegen die Staufer nunmehr endgültig in den Kreis der Großen des Reiches auf. Und mit Konrad III., dem Sohn der Agnes und Friedrichs, gelangte schließlich der Erste des Geschlechts zum Königtum.

In Waiblingen lag zu dieser Zeit ein alter Familienbesitz des Saliergeschlechts. Durch die Vermählung der damals gerade sieben Jahre alten Kaisertochter Agnes, genannt „von Waiblingen", mit dem deutlich älteren Friedrich von Staufen konnte dieser durch die nun unmittelbare Beziehung seines Geschlechts zum Kaiserhaus die Stellung seiner Familie in Schwaben weiter ausbauen und die Basis bereiten für spätere Ansprüche der Staufer auf das Königs- und Kaisertum in Nachfolge der Salier, die mit dem Tod des letzten, kinderlosen Salierkaisers Heinrich V. 1125 im Mannesstamm erloschen. Sichtbarer Ausdruck dieser neuen, gehobenen Stellung war die Übernahme der bislang salischen Leitnamen Heinrich, Konrad und Otto durch die Stauferfamilie in Ergänzung des bisherigen Familien-Leitnamens Friedrich. Damit verwiesen die Staufer in ihrem Selbstverständnis deutlich an die weibliche, von Agnes ausgehende Stammlinie des Kaiserhauses der „Waiblinger", die oft auch als „Heinriche von Waiblingen" bezeichnet wurden, und schufen damit die enge Verbindung von salischem und staufischem Erbe. Für die Staufer war es also wichtig und nach damaligen Verhältnissen durchaus üblich, sich auf die angeheiratete, bedeutendere weibliche Linie zu berufen, um den besonderen Rang ihres Geschlechts zu verdeutlichen und

ihre Herrschaftsansprüche zu festigen, denn ihre eigentliche männliche Stammlinie wäre dafür zu schwach gewesen. So darf man die Stauferfamilie also durchaus als Aufsteiger bezeichnen, die sich, ähnlich wie Jahrhunderte später die Habsburger, zur führenden Familie in Schwaben und im Reich „hochgeheiratet" hat.

Friedrich von Staufen und Agnes von Waiblingen als Stifter des Klosters Lorch

Es kann daher auch nicht verwundern, dass mit Waiblingen stets eine Art „Staufermythos" verbunden wurde. Die Stadt und der alte Salierbesitz waren quasi Keimzelle des staufischen Aufstiegs zur reichs- und damit europaweiten Machtstellung. Achim von Arnim, der große Dichter der deutschen Romantik, hat dieser Epoche und Waiblingen in seinem Roman „Die Kronenwächter" ein bleibendes literarisches Denkmal gesetzt. Eine Ausstellung in der Achim-von-Arnim-Stube und im Staufermythos-Zimmer im Hochwachtturm in Waiblingen macht diese Tatsache deutlich. Alljährlich im Sommer bietet überdies das mehrtägige Staufer-Spektakel mit historischem Umzug und Mittelaltermarkt Gelegenheit, sich unter Ritter, Gaukler, Handwerker und Adelige zu mischen und das Mittelalter live zu erleben. An baulicher Substanz ist aus der salisch-staufischen Zeit leider nichts mehr erhalten geblieben, doch bleibt Waiblingen für alle Zeiten in der italienischen Bezeichnung „Ghibellinen" für die staufisch-kaiserliche Partei erhalten.

Unsere Tipps

- Hochwachtturm mit Achim-von-Arnim-Stube
- Nachtwächterführungen mit deftigem Vesper
- Weinberg-Wanderungen mit Weinprobe
- Apotheker-Garten (historische Heilpflanzen)
- Historische Stadt- und Themenführungen (z. B. „Waiblinger Nachtgeschichten", „Von Staufermythen und Königskindern")
- Geburtshaus von Schillers Vater im Ortsteil Bittenfeld: Der Waiblinger Ortsteil war über sechs Generationen die Heimat der Vorfahren Schillers
- Geocaching, eine interaktive Schnitzeljagd durch Waiblingen

Information: Touristinformation Waiblingen, Telefon 0 71 51/50 01-1 55, www.waiblingen.de

Schwäbisch Hall und Comburg – Die Staufer in Hohenlohe

Nordöstlich von Waiblingen, am Flusslauf des Kochers in Hohenlohe finden sich weitere Spuren der Staufer und ein Baudenkmal der besonderen Art. Die Rede ist von der alten Salzsiederstadt Schwäbisch Hall und der Klosterburg Comburg **10**. Letztere war der eigentliche Ausgangspunkt der Stadtgründung Schwäbisch Halls. Es begann bereits in der Salierzeit mit einem Dorf, das zum Besitz des Bischofs von Regensburg gehörte und 1037 an die Grafen von Comburg gelangte und – als diese ausstarben – letztendlich an die Staufer. Als Sohn des Schwabenherzogs Friedrich I. und der Kaisertochter Agnes von Waiblingen konnte der Staufer Konrad nach dem Tod seines kinderlosen Onkels Kaiser Heinrich V. 1125 Ansprüche auf das deutsche Königtum erheben. Heinrich V. hatte ihm bereits das Herzogtum Ostfranken übergeben, dessen Zentrum in der Gegend um Würzburg lag. Durch Konrad kam somit ein

Die Groß-Comburg, eindrückliches Beispiel einer Klosterburg

Der Radleuchter in der Comburger Klosterkirche

zweites, wenn auch unbedeuten-
deres Herzogtum an das staufische
Haus. Als Herzog von Ostfranken
wie auch als deutscher König
strebte Konrad III. stets nach Aus-
bau des staufischen Eigenbesitzes
und der Basis seiner Machtposition
im Reich. Konrad hatte in erster
Ehe Getrud, die Tochter des Grafen
von Rothenburg-Comburg, gehei-
ratet. Sie brachte in diese Ehe die
genannten Besitzungen und
Grafschaftsrechte der Comburger
Grafen um Rothenburg und Schwäbisch Hall sowie die Vogtei über
das Kloster Comburg ein und
damit an das staufische Haus. Die
Staufer waren somit auch nördlich
ihrer Stammbesitzungen um

Waiblingen und den Hohenstaufen
begütert. Zentrum dieser Güter
war zunächst das Kloster und
spätere Ritterstift Comburg, eine
befestigte Klosteranlage markant
auf einem Felszug über dem
Kochertal gelegen. Sie birgt einmalige Schätze aus der Stauferzeit:
einen ausladenden Radleuchter,
wie er sonst nur noch im Aachener
Karlsdom und im Dom zu Hildes-
heim zu finden ist, sowie ein
vergoldeter Altarvorsatz, ein
sogenanntes Antependium, das zu
den bedeutendsten romanischen
Goldschmiedearbeiten des Mittelalters gezählt wird. Ein Aufenthalt
Konrads auf der Comburg im Jahr
1141 ist definitiv belegt. Auch

Kaiser Heinrich VI. wohnte anlässlich eines Hoftages in Schwäbisch Hall auf der Klosterburg, begleitet von mehreren tausend Rittern, wenn man den Quellen Glauben schenken darf.

Bereits aus der Tatsache, dass in Schwäbisch Hall zur Zeit Heinrichs VI. ein Hoftag stattgefunden hat, lässt sich ablesen, dass sich seit der Besitzübernahme des Comburger Erbes Mitte des 12. Jahrhunderts einiges verändert haben muss. Das einstige Dorf hatte sich während der Regierungszeit Kaiser Friedrich Barbarossas in der zweiten Hälfte des 12. Jahrhunderts zu einer Stadt entwickelt, und heute gehört, in Umkehrung der mittelalterlichen Verhältnisse, das

einstige Zentrum Comburg zur Stadt Schwäbisch Hall. Dieser Ort Hall gehörte nachweisbar bereits seit 1116 den Staufern und, wie der Name deutlich macht, lag die Bedeutung des Ortes darin, dass hier bereits seit keltischer Zeit Salz durch Sieden gewonnen wurde. Und Salz war im Mittelalter ein wichtiges, gewinnversprechendes Handelsgut, bildete es doch den Grundstoff für die einzige damals bekannte Möglichkeit zur Konservierung von Lebensmitteln. Barbarossa wusste die Bedeutung Halls sehr wohl einzuschätzen, als er es zur Stadt erhob und ihm sogar das Münzprägerecht verlieh. Der Haller Pfennig, auch Heller genannt, wurde im deutschen Königreich zeitweilig fast zu einer

Die alte Staufer- und Salzsiederstadt Schwäbisch Hall

Art Leitwährung: Am Ende der Stauferzeit Mitte des 13. Jahrhunderts wurde nahezu überall im Reich nur noch mit dem Heller gehandelt. Hall war also für die Staufer ein bedeutender Handels- und Finanzplatz.

Dies wird auch eindrücklich dokumentiert durch die Häufigkeit der Anwesenheit von Stauferherrschern in der Stadt, eine Aufenthaltsdichte, wie sie wohl, ausgenommen die diversen Pfalzen, kaum eine Stadt des Hochmittelalters vorweisen kann. Leider finden sich hier heute nicht mehr allzu viele Zeugnisse aus diesen Jahrzehnten. Das gewaltigste ist nach wie vor das Münster St. Michael, auf dessen ausladender Vortreppe alljährlich die bekannten Festspiele stattfinden. Die ursprüngliche, stauferzeitliche romanische Basilika wurde allerdings im 15. Jahrhundert eingerissen und in eine weitaus größere gotische Hallenkirche umgewandelt. Einzig der markante romanische Turm blieb stehen und bildet heute das unverwechselbare Wahrzeichen der Stadt und, neben dem Keckenturm, das einzige bis heute noch verbliebene Originalzeugnis aus der Stauferepoche.

Unsere Tipps

- Klosterkirche Großcomburg mit Radleuchter und goldenem Altarvorsatz
- Kirche St. Michael; auf der Treppe vor der Kirche jeden Sommer Freilichtspiele
- Hällisch-Fränkisches Museum: historisches Gebäudeensemble rund um den stauferzeitlichen Keckenturm (Stadtgeschichte von Schwäbisch Hall, Geologie und frühe Besiedlung der Region)
- Feuerwehrmuseum mit über 6000 Exponaten rund um das Feuerwehrwesen und seine Traditionen
- Hohenloher Freilandmuseum in Wackershofen, eines von sieben Freilandmuseen in Baden-Württemberg, ein Dorf aus alten Zeiten mit bäuerlichen Gebäuden, einem Gasthof und Museumsladen und vielen Tieren, ein Erlebnis für Jung und Alt
- Kunstsammlung Würth: Ausstellungen zur modernen Kunst, in der Johanniterhalle die Alten Meister (vor allem aus der Sammlung des Unternehmers und Mäzens Reinhold Würth)

Information:
Touristik Schwäbisch Hall, Telefon 07 91/7 51-246, www.schwaebischhall.de
Comburg, Telefon 07 91/93 81 85, www.comburg.de und www.schloesser-und-gaerten.de

Weinsberg – Die Stadt der treuen Weiber

Die Erweiterung der staufischen Hausmacht im heutigen Hohenlohe war im Wesentlichen von der Heirat König Konrads III. mit Gertrud von Rothenburg-Comburg ausgegangen. Ein weiterer Ort, der Konrad seine Bekanntheit verdankt und wo 2009 ebenfalls eine der bereits mehrfach erwähnten Stauferstelen errichtet wurde, ist das Städtchen Weinsberg ⓫, heute vor allem bekannt durch die Kreuzung zweier Autobahnen.

Oft zu Unrecht wurde der erste Stauferkönig von seinen Zeitgenossen als erfolglos betrachtet und als „Pfaffenkönig" abqualifiziert. Sein erster Griff nach dem Königsthron blieb erfolglos, denn entgegen den Thronansprüchen des Staufers aufgrund seiner engen Verwandtschaft zum salischen Kaiserhaus

Die „sagenhafte" Ruine Weibertreu oberhalb von Weinsberg

wählten die deutschen Fürsten im August 1125 den Sachsenherzog Lothar von Supplinburg zum neuen König. Konrad wurde im Dezember 1127 von seinen Anhängern zum Gegenkönig erhoben. Erst Konrads zweiter Versuch, die Königskrone zu gewinnen, gelang 1138. Nach Lothars Tod wählten ihn die Fürsten zum deutschen König. Sein größter Konkurrent war der Welfenherzog Heinrich der Stolze von Sachsen und Bayern, der mit der Tochter Kaiser Lothars verheiratet war und daher seinen Anspruch auf die Nachfolge ab-leitete. Um die nahezu königliche Machtstellung der Welfen im Reich zu brechen, setzte Konrad in Sachsen die Askanier und in Bayern die Babenberger in das Herzogsamt ein, doch gelang es beiden Familien nicht, sich dauerhaft gegen ihre welfischen Herzogsrivalen durchzusetzen.

So war Konrads Königtum von Anfang geprägt durch die Dauerrivalität mit den sowohl im Süden wie im Norden des Reiches nahezu übermächtigen Welfen. Darin lag auch die Ursache, dass Konrad stets viel zu beschäftigt war, um

Das Kerner-Haus in Weinsberg

Sage: Die Weiber von Weinsberg

Im Laufe seines Feldzuges gegen Welf IV. belagerte der Stauferkönig Konrad III. auch die welfische Burg Weinsberg, in der sich die Bürger des Städtchens als Parteigänger Welfs VI. verschanzt hatten. Nachdem sich Konrad auf dem Schlachtfeld durchsetzen konnte und nach längerer Belagerung in der Burg die Vorräte knapp wurden, mussten sich die Belagerten schließlich ergeben. Beeindruckt vom Mut und Durchhaltevermögen der Burgverteidiger gewährte Konrad den Frauen die Gunst des freien Abzugs. Zudem sollten sie alles mitnehmen dürfen, was sie tragen konnten. Die Frauen schulterten kurzerhand ihre Männer und trugen sie in die Freiheit.

In später Erinnerung an diese Tat der „Weiber von Weinsberg" erhielt im 18. Jahrhundert die nur noch als Ruine existierende einstige Burg den Namen „Weibertreu".

je zur Kaiserkrönung nach Rom ziehen zu können. Als er dies 1152 schließlich in Angriff nehmen wollte, starb er im Herbst. Dennoch darf seine Regierungszeit, aus Sicht der Stauferdynastie, durchaus als erfolgreich gewertet werden. Nicht nur, dass er das Königtum ins Stauferhaus holte, sondern auch durch die von ihm bewirkte Steigerung der Königsautorität und seine geschickte Territorialpolitik darf er durchaus als Wegbereiter seines Neffen Friedrich von Schwaben gelten, des späteren Kaisers Barbarossa.

Durch eine Episode blieb Konrad III. der Nachwelt im Gedächtnis, die sich 1140 in Weinsberg abspielte. Herzog Welf VI. erhob durch seine Heirat mit Uta, der Erbtochter des Pfalzgrafen Gottfried von Calw, Anspruch auf deren Erbe, was für die Welfen einen neuerlichen Machtzuwachs im Süden des Reiches bedeutete. Damit hätten die Welfen faktisch ein Sonderterritorium innerhalb Schwabens besessen, in dem selbst der staufische Herzog von Schwaben keinen Einfluss mehr hatte. Also musste Konrad handeln und unternahm im Herbst 1140 einen Heerzug gegen Welf VI., in dessen Folge die Legende von den „Weibern von Weinsberg" entstand. Lange Zeit hatte man diese Geschichte ins Reich der Legende verwiesen, doch kritische Quellenstudien haben ergeben, dass es sich durchaus so zugetragen haben könnte. Die Geschichte um die „Weiber von Weinsberg" hat durchaus einen romantischen Charme. Und die Zeit der Romantik ist es auch, die in der ersten Hälfte des 19. Jahrhunderts das staufische Mittelalter wiederentdeckt und verklärt hat.

Einen speziellen Stellenwert innerhalb dieser Epoche spielt dabei die Schwäbische Romantik, also ein Kreis von süddeutschen Dichtern wie Ludwig Uhland, Gustav Schwab oder Wilhelm Hauff. Ein Zentrum dieses Dichterkreises bildete das Haus des Arztes und Dichters Justinus Kerner, das oft Treffpunkt dieses Romantikerzirkels war. Es steht am Fuß der Ruine „Weibertreu" – welch eine Verbindung von mittelalterlichen Machtkämpfen und literarischer Verklärung dieser Epoche an einem Ort.

Unsere Tipps

- Burgruine Weibertreu, im Sommer Ort von Festspielen
- Weibertreu-Museum, das einzige Museum zur Geschichte der „Treuen Weiber von Weinsberg" sowie zur Geschichte des Bauernkrieges um Weinsberg (1525)
- Themenführungen (z. B. „Die Frauen von Weinsberg", Wein- und Rosenrundgang mit Panoramablick)
- Kernerhaus, der Wohnort des Arztes und Dichters Justinus Kerner mit Dokumentationen, Sargzimmer und Geisterturm
- Römischer Gutshof mit Badruine, einer der ältesten erhaltenen römischen Bauten in Baden-Württemberg
- Winzergenossenschaft (die größte in Baden-Württemberg) und Staatliche Lehr- und Versuchsanstalt für Wein- und Obstbau
- Vinothek (große Auswahl an regionalen Weinen, Weinproben und -veranstaltungen), Weinfeste, Besenwirtschaften und Übernachtungen im Weingut
- In Neckarsulm (zwischen Weinsberg und Bad Wimpfen): Zweiradmuseum und NSU-Museum, einmalige Sammlung und Exponate zur Automobilgeschichte in der Heimat von NSU
- In Neckarsulm: Erlebnisbad „Aquatoll": Vergnügen für die ganze Familie

Informationen: Touristinformation Weinsberg, Telefon 0 71 34/5 12-1 12, www.weinsberg.de und www.burgenwelt.de/weibertreu
Deutsches Zweiradmuseum, Telefon 0 71 32/3 54 02, www.zweiradmuseum.de

Bad Wimpfen – Die größte Stauferpfalz nördlich der Alpen

War es in Weinsberg noch die „Weibertreu", so ist es nur unweit davon entfernt eine „Weiberpein", von der ein mittelalterlicher Chronist eher zweifelhaft berichtet und der die heutige Kurstadt Bad Wimpfen **12** angeblich ihren Namen verdankt. Demnach stammt der Name aus dem 10. Jahrhundert, als die Reiterhorden der Ungarn regelmäßig in das Reich einfielen. So sollen sie auch den später Wimpfen genannten Ort überfallen, zerstört und alle Männer ermordet haben. In grausamer Weise schändeten sie die Frauen, indem sie ihnen die Brüste abschnitten, damit sie keine Kinder mehr stillen konnten. Und von dieser „wiberpin" leitet der Chronist den Namen Wimpfen ab.

Blick auf die Kaiserpfalz der Staufer

Wahrscheinlicher als diese Interpretation ist die Herkunft des Namens aus keltischer Zeit. So könnten die Worte „uimpe" (mit einem Wall befestigt) und „bin" (Berg) in ihrer Zusammensetzung darauf hindeuten, dass hier über dem Neckartal bereits in früher Zeit ein befestigter Berg oder eine Art Burg existierte. Noch heute differenziert man die Stadt in Wimpfen am Berg und Wimpfen im Tal. So war Wimpfen (am Berg) zur Stauferzeit eine Burgfestung von sicher nicht unerheblichen Ausmaßen, als Kaiser Friedrich Barbarossa hier 1182 nicht nur eine Pfalz, sondern die größte staufische Kaiserpfalz nördlich der Alpen überhaupt gründete, die noch heute das Stadtbild prägt.

Von Weitem erkennt man die Wahrzeichen der Stadt, den Blauen und den Roten Turm, und imposant thront die Pfalzanlage über dem Lauf des Neckars im Tal. Die Türme markieren die Eckpunkte der einstigen Burganlage, dazwischen erstrecken sich Palas und Pfalzkapelle. Einmalig sind die um 1200 entstandenen Bogenfensterreihen der Pfalz, nicht nur, weil sie einen fantastischen Blick auf das Neckartal eröffnen, sondern auch durch die unterschiedliche Gestaltung jeder einzelnen romanischen Säule mit einer Vielfalt an Mustern und Motiven.

Zur selben Zeit wurde auch der Rote Turm als östlicher Bergfried der Pfalz und letzte Zufluchtsstätte der Burgherren erbaut. Daher ist der Turm für damalige Verhältnisse besonders aufwändig ausgestattet und beherbergt neben einem romanischen Kamin einen Abort. Heute ist im Turm eine ständige Ausstellung in der Wachstube mit Ritterrüstungen, Waffen und allerlei Gebrauchskeramik untergebracht. Sein Pendant, der zur selben Zeit errichtete Blaue Turm, steht am westlichen Ende der Kaiserpfalz und diente bis ins 19. Jahrhundert als Wachturm und noch heute lebt hier ein Türmer bzw. eine Türmerin, die die älteste Türmertradition in Deutschland weiterführen. Der Turm ist ganzjährig geöffnet und bietet einen beeindruckenden Blick über die ehemalige Reichsstadt.

Als südlicher Eingang zur Kaiserpfalz diente das Hohenstaufentor (Schwibbogentor), von dem aus sich die Burgmauer bis hinauf zum Roten Turm erstreckte, die den eigentlichen Kern der Pfalzanlage umschloss. Dazu gehörte auch die um 1200 entstandene dem Heiligen Nikolaus geweihte Pfalzkapelle mit ihrer Kaiserempore und dem direkten

Lebendige Staufertradition in Bad Wimpfen: Kaiser Friedrich II. hält seinen Einzug

Zugang zum Palas. Als Kemenate, als Aufenthaltsort der weiblichen Pfalzbewohner, diente das Steinhaus, der größte und älteste romanische Wohnbau Deutschlands, in dessen Innern wertvolle Fresken aus dem Mittelalter und der Spätgotik erhalten sind.

Es lohnt auch ein Spaziergang in die Talstadt am Fuß des Alten Bergs, die über den Fundamenten eines römischen Kastells errichtet worden ist. Neben zahlreichen interessanten Gebäuden aus späteren Jahrhunderten beeindruckt vor allem die Ritterstifts-kirche. Der heutige Bau besteht aus dem romanischen Westwerk des 10. Jahrhunderts sowie dem gotischen Langhaus und Chor aus dem 13. Jahrhundert und wird ergänzt durch den hochgotischen Kreuzgang des ehemaligen Benediktinerklosters.

Angesichts der noch heute sicht- und spürbaren Größe und Bedeutung Wimpfens im Mittelalter kann es nicht verwundern, dass die Stauferkaiser häufig hier zugange waren, und mit Friedrich II. ist das Ereignis verbunden, das Wimpfen bis heute seinen

Romanische Säulen in der Kaiserpfalz

Platz in der Geschichte der Staufer gegeben hat: die Strafexpedition Kaiser Friedrichs II. gegen seinen Sohn König Heinrich (VII.) im Jahr 1235. Bereits die Schreibweise der Ordnungszahl Heinrichs in Klammern und die unter Historikern verwendete Bezeichnung „Heinrich der Klammer-Siebte" deuten darauf hin, dass etwas äußerst Ungewöhnliches passiert sein musste.

Heinrich (VII.) war 1211 als ältester Sohn Friedrichs II. und seiner ersten Gemahlin Konstanze geboren worden. Bereits im April 1220 wählten ihn die deutschen Fürsten auf Betreiben seines Vaters zum deutschen König. Bald danach verließ Friedrich Deutschland Richtung Italien, wo er die meiste Zeit seiner Regentschaft verbrachte. Heinrich hingegen hielt sich zumeist in den staufischen Haus- und Stammlanden in Süddeutschland auf. So weit, so gut: Alles lief bis dahin in geordneten Bahnen und ganz nach dem Wunsch und Willen des Vaters. Nun aber nahm Heinrich mehr und mehr die Regierungsgeschäfte selbst in die Hand und bald entstanden immer mehr Streitigkeiten zwischen Heinrich und den deutschen Fürsten, was gar nicht im Sinne Friedrichs II. war. Damit begann der offene Vater-Sohn-Konflikt, der in Wimpfen eskalierte.

Im Juli 1235 kam es zu der schicksalhaften Begegnung Kaiser Friedrichs mit seinem Sohn. Dabei musste sich dieser in demütigender Weise dem Vater unterwerfen und wurde als Hochverräter abgesetzt. Heinrich hatte offiziell auf alle königlichen Insignien und die deutsche Krone zu verzichten. Obwohl er dies tat, wurde er für den Rest seines Lebens inhaftiert.

Kaiser Friedrich ließ ihn nach Italien bringen, wo er eingekerkert wurde, wahrscheinlich an der Lepra, dem todbringenden Aussatz, erkrankte, ehe er sich im Februar 1242, nach sieben Jahren Haft und im Alter von 31 Jahren, bei Martirano in Kalabrien das Leben nahm. Sein Name wird seit seiner Absetzung im Juli 1235 nur noch als „Heinrich (VII.)" in den Herrscherlisten der römisch-deutschen Könige und Kaiser geführt. Welch ein dramatisches Schicksal, das selbst das des unglücklichen Konradin noch übertrifft, der als „letzter Staufer" 1268 nur 16-jährig in Neapel enthauptet wurde.

Unsere Tipps

- Die Kaiserpfalz: die größte Stauferpfalz nördlich der Alpen
- Staufer-, Nachtwächter- und Märchenführungen durch die alte Reichsstadt
- Themenführungen durch die Stadt und ihre Umgebung: z. B. „Unterwegs mit der Märchenprinzessin Sieglinde"; mit Märchen und mittelalterlichen Kinderspielen die Stadt erleben
- Schnupperprogramme für Kinder: jeden ersten Sonntag von Ostern bis Oktober
- Schifffahrten auf dem Neckar und Pferdewagen-Touren
- Kanufahren auf dem Neckar
- Gruppenangebot „Champagnertrüffel à la chef": Weinpralinen-Essseminar mit außergewöhnlichen Schmankerln
- Altdeutscher Weihnachtsmarkt: jährlich von Ende November bis Weihnachten
- Westlich in der Nähe: Auto- und Technikmuseum Sinsheim; das Abenteuer „Technik" in einzigartiger Form erleben; Oldtimer, Rennwagen, Flugzeuge, Lokomotiven und vieles mehr

Information: Touristinfo Bad Wimpfen, Telefon 0 70 63/9 72 00, www.badwimpfen.de
Auto- und Technikmuseum Sinsheim, Telefon 0 72 61/92 99-0, www.sinsheim.technik-museum.de

Burg Guttenberg – Die Adlerwarte

Burg Guttenberg, seit über 800 Jahren ständig bewohnt

Folgt man von Wimpfen dem Neckar flussabwärts, gelangt man bei Haßmersheim zu einem weiteren Kleinod aus der Stauferzeit, der Burg Guttenberg an der Deutschen Burgenstraße **13**. Die Gemeinde Haßmersheim am Neckar an der Grenze zum Kraichgau

kann auf eine Besiedelung seit der Bronzezeit zurückblicken.

Besonders geschichtsträchtig ist vor allem die 1232 erstmals erwähnte Burg Guttenberg. In markanter Lage auf einem Bergsporn gelegen, wurde die Burg nie zerstört und ist seit über

800 Jahren fast kontinuierlich bewohnt. Als Lehen der Bischöfe von Worms war die Burg zunächst im Besitz der Herren von Weinsberg, die sie vermutlich erbaut hatten. Durch ihre Lage im Neckartal und somit auch an wichtigen Verbindungs- und Handelsstraßen diente sie der Sicherung dieser Fernwege und der daraus resultierenden Zolleinnahmen. Lange Zeit glaubte man, sie sei Teil eines Befestigungsrings um die Kaiserpfalz Wimpfen gewesen, ähnlich dem Burgenring rund um die Burg Hohenstaufen. Dies lässt sich jedoch nicht belegen und daher ist es nicht wahrscheinlich, dass die Staufer Burg Guttenberg selbst gegründet haben.

1449 verkaufte der Bischof von Würzburg, der damalige Besitzer der Burg, diese an Hans den Reichen von Gemmingen, dem Begründer der freiherrlichen Linie Gemmingen-Guttenberg. Die Familie lebt bis heute auf der Burg, die wie durch ein Wunder alle Kriege heil und unzerstört überstanden hat. Mit ihrem mächtigen Bergfried, den imposanten Mauern und dem Palas thront sie dominant über dem Neckartal, ein viel

besuchtes Ausflugziel, in dessen Mauern noch das Flair der Stauferzeit zu spüren ist.

Heute befindet sich im östlichen Teil der Wohntrakt der Burgherrenfamilie, im westlichen Teil ein spannendes Burgmuseum. Dort erhält der Besucher Einsichten in das Ritterwesen sowie in das mittelalterliche Rechts- und Gerichtswesen. Schwerterklirren, Kettenrasseln, Schreie aus der Folterkammer und nicht zuletzt die gruseligen Laute eines Gespenstes vermitteln auch hörbare Eindrücke vom „Leben auf der Ritterburg", wie die Ausstellung

Porträt Friedrichs II. aus seinem Falkenbuch

Die alte Kunst der Falknerei wird auf Guttenberg noch gepflegt.

des Burgmuseums heißt, die den Besucher auf eine Entdeckungsreise im Zeitraffer vom Mittelalter bis ins 19. Jahrhundert mitnimmt.

Das bekannteste Aushängeschild von Burg Guttenberg ist die weithin bekannte Deutsche Greifenwarte mit ihren zahlreichen Volieren im Burgzwinger, in denen über 120 Großvögel untergebracht sind, und dem Freifluggelände mit der Schaubühne für die Besucher. Täglich steigen von hier aus Adler, Geier oder Uhus auf, um in spektakulären Flugvorführungen

ihre Kreise über der Burg und dem Neckartal zu ziehen. Einer der großen Lehrmeister der Falknerei war ein Staufer, nämlich kein Geringerer als Kaiser Friedrich II. Bereits seine Zeitgenossen bezeichneten ihn als „stupor mundi" (das Staunen der Welt), denn er sprach nicht nur mehrere Sprachen, sondern er besaß eine grenzenlose Neugier für die Wissenschaften und Philosophie. Durch seine sizilianische Abstammung kam er früh mit der Geisteswelt und den Wissenschaften des Orients in Kontakt, die den abendländischen

Erkenntnissen weit voraus waren. Besonders hatte es Friedrich II. die Falkenjagd angetan, über die er sein grundlegendes Buch „De arte venandi cum avibus" (Von der Kunst, mit Falken zu jagen) schrieb. Das Werk ist bis heute richtungsweisend und grundlegend für die Falknerei. Auch wenn Burg Guttenberg keine Gründung der Staufer, sondern nur ein herausragendes Zeugnis einer Stauferburg ist, so steht sie durch die Deutsche Greifenwarte in einer Tradition, die von einem Stauferkaiser höchstselbst perfektioniert wurde.

Unsere Tipps

- Burgmuseum: das Leben auf einer Ritterburg als Zeitreise vom Mittelalter bis heute
- Flugvorführungen der Deutschen Greifenwarte im Burggarten und Zwinger
- Burgschenke mit mittelalterlichen Speisen
- Rittermahl nach mittelalterlichen Sitten
- Heuhotel am Fuß der Burg mit historischer Badstube
- Burgfest: alljährlich an Pfingsten
- In Haßmersheim: Schifffahrtsmuseum in der alten Schule (Schiffsmodelle, Dokumente und Bilder aus der Zeit der Ketten-, Dampf- und Schleppschifffahrt und der Räderboote auf dem Neckar)
- In Haßmersheim: Traditionelle Neckarfähre („s'Fährle"), erste Erwähnung 1350, Übersetzen über den Neckar
- Schloss Horneck (bei Gundelsheim): Ursprünge ca. um 1200, seit 1250 Burg des Deutschen Ritterordens, 1438–1525 Sitz des Deutschmeisters und damit 3. Hauptsitz des Deutschen Ordens (neben Marienbug/Ostpreußen und Riga/Lettland; heute: Heimathaus der Siebenbürger Sachsen (Siebenbürgen-Museum)
- Burg Hornberg (bei Neckarzimmern): Größtes staufisches Wohngebäude nördlich der Alpen, ältestes Weingut in Baden-Württemberg und zweitältestes der Welt (über 1500 Jahre alt), Wohnsitz von Götz von Berlichingen

Information: Burg Guttenberg, Telefon 0 62 66/228, www.burg-guttenberg.de
Haßmersheim, www.hassmersheim.de
Schloss Horneck, www.gundelsheim.de
Burg Hornberg, www.burg-hornberg.de

Heidelberg – Die pfälzische Residenz

Von der Burg Guttenberg folge man dem Neckar, der mit seinen zahlreichen Schleifen und Kehren eine der besonderen Tallandschaften in Baden-Württemberg geschaffen hat. Entlang des Flusses liegen sehenswerte Städte und Städtchen wie Moosbach, Hirschhorn oder Eberbach, deren Ursprünge oder Stadterhebungen zum Teil ebenfalls auf die Staufer zurückgehen. Kurz bevor der Neckar dann schließlich in den Rhein mündet, durchfließt er die neben Stuttgart wohl bekannteste Stadt entlang seines Laufes: Heidelberg 🔴14. Heute ist die Stadt eines der weltbekannten Aushängeschilder Baden-Württembergs und Deutschlands, ein Synonym für Romantik und vergangene gute alte Zeiten. Vor allem das Schloss hat es den Besuchern aus aller Welt angetan. Eigentlich spiegelt diese imposante Ruine gar nichts mehr von dem in der Romantik verklärten (staufi-

Heidelberg, die älteste Universitätsstadt Baden-Württembergs

schen) Hochmittelalter wieder, sondern stammt in ihrem heutigen Erscheinungsbild weitgehend aus der Renaissance.

Lange vor der Romantik war das einstige Residenzschloss der Pfälzer Kurfürsten bereits im Pfälzer Erbfolgekrieg (1689–1693) gegen den Sonnenkönig Ludwig XIV. von Frankreich in großen Teilen zerstört worden. Ein Blitzschlag und Brand im Jahr 1764 tat ein Übriges. Das Schloss wurde nie wieder restauriert oder neu aufgebaut, was aber seiner romantisierenden Betrachtung im 19. Jahrhundert keinen Abbruch tat. Nur eines hat das Schloss nicht zu bieten: einen Bezug zu den Staufern. Denn die pfälzischen Kurfürsten stammten von der bayerischen Dynastie der Wittelsbacher ab, die im Spätmittelalter mit der Pfalzgrafschaft bei Rhein belehnt worden waren. Und in diesem Lehen findet sich eine Spur zu den Staufern, die bis in unsere Gegenwart erhalten, vielen aber verborgen blieb.

Denn im 12. Jahrhundert war diese Pfalzgrafschaft bei Rhein, mithin eine damals politisch außerordentlich gewichtige Herrschaft innerhalb des Reiches, zeitweise auch im Besitz der Staufer. Konrad, der Bruder Kaiser Friedrich Barbarossas, amtierte von 1156 bis zu seinem Tod (nach

Das Wappen der Kurfürsten von der Pfalz

1195) als Pfalzgraf bei Rhein, und zwar in Heidelberg. Er erbaute eine Burg, die allerdings 1537 durch einen Blitzschlag zerstört wurde, so dass von ihr nur noch eine Zeichnung existiert. Der dazugehörige Burgweiler trug bereits den Namen Heidelberg. Konrad von Hohenstaufen war der Gründer der ersten Siedlung namens Heidelberg.

Interessant ist das Wappen, das Konrad führte. Es zeigt einen stehenden goldenen Löwen auf schwarzem Schild. Dies ist nichts anderes als eine Abwandlung des alten staufischen Familienwappens, nämlich der drei schreitenden

Schloss Heidelberg, die Residenz der Pfälzer Kurfürsten

schwarzen Löwen auf goldenem Schild. Solche Wappenvariationen waren damals üblich bei nachgeborenen Familienmitgliedern, um die Zugehörigkeit zu einem bedeutenden Geschlecht zu dokumentieren. So geschehen auch bei den Grafen von Württemberg, die das württembergische Hirschstangenwappen in der Stauferzeit von den damals mächtigeren Grafen von Veringen übernahmen. Und wie die Hirschstangen auch heute noch als kleiner Schild über dem großen Landeswappen von Baden-Württemberg mit den drei Stauferlöwen angeordnet sind, taucht an derselben Stelle der goldene Pfälzerlöwe auf und steht für die ehemals kurpfälzischen Teile, die heute zum Land Baden-Württemberg gehören. So gesehen haben die Staufer bis in unsere Gegenwart eine verbindende Funktion zwischen den verschiedenen Teilen Baden-Württembergs.

Es gibt noch eine weitere Verbindung Heidelbergs in die Stauferzeit, auch wenn die Staufer keine Zeugnisse hinterlassen haben. Die Rede ist von der „Großen Heidelberger Liederhandschrift", besser bekannt unter dem Namen „Manessische Liederhandschrift", dem wohl bedeutendsten Zeugnis hochmittelalterlicher Dichtkunst. Wenn auch erst im 14. Jahrhundert, also lange nach dem Ende der Stauferepoche, von der Züricher Kaufmannsfamilie Manesse in Auftrag gegeben, so birgt dieses einmalige Kleinod die gewiss kompletteste Sammlung mittelalterlicher Minne- und Spruchdichtung und die Porträts der bis heute bekanntesten mittelalterlichen Dichter und Minnesänger. Wie kein anderes Werk spiegelt sie die Kulturblüte wieder, die sich im Hochmittelalter speziell in der Stauferzeit und durch die Stauferherrscher selbst entwickelt hatte. Die Manessische Liederhandschrift wird seit 1888 wieder in der Heidelberger Universitätsbibliothek aufbewahrt. Doch nur bei besonderen Anlässen, so auch 2010 anlässlich des Stauferjahres in Baden-Württemberg, wird sie der Öffentlichkeit präsentiert.

Unsere Tipps

- Schloss Heidelberg: Residenz der Kurfürsten von der Pfalz
- Das größte Fass der Welt: 10 m lang, 7 m Durchmesser, 219 000 Liter Volumen
- Historische Altstadt mit der bekannten Neckarbrücke und zahlreichen Studentenkneipen
- Universitätsbibliothek mit der „Manessischen Liederhandschrift" (Ausstellung anlässlich der Landesausstellung „Die Staufer und Italien") und zahlreichen wertvollen Handschriften aus vielen Jahrhunderten
- Deutsches Verpackungsmuseum: eine Sammlung historischer, moderner und skurriler Verpackungen und Materialien (Weißblech, Karton, Tetrapack etc.), u. a. eine Krippe aus Weißblech und ein Keksdosen-Buch
- In Neckargmünd: Burgfeste Dilsberg, Zweitwohnsitz der Pfalzgrafen
- In Eberbach: der höchste Baum Deutschlands (eine über 60 m hohe Douglasie) und das Zinnfigurenkabinett (u. a. mit Zinn-Dinosauriern)

Information: Heidelberg Marketing GmbH, Telefon 0 62 21/1 42 20, www.heidelberg-marketing.de,
Burgfeste Dilsberg, Telefon 0 62 23/61 54, www.burg-dilsberg.de
Eberbach am Neckar, Telefon 0 62 71/87-1, www.eberbach.de

Ulm – Die staufische Donaustadt

Blick über die Donau auf das Münster mit dem höchsten Kirchturm der Welt

Bislang führte die Reise auf den Spuren der Staufer durch Baden-Württemberg, ausgehend von den Stammlanden des Geschlechts auf der Schwäbischen Alb und im Remstal, entlang des Kochers und des Neckars in den nördlichen Teil des „Ländle". Ebenso lohnenswert ist es, den Blick auch auf die südliche Hälfte des Landes zu richten, genauer gesagt zur Donau, nach Oberschwaben und an den Bodensee, denn auch dort spielten die Staufer für die regionale Entwicklung der Städte und Regionen ab dem Mittelalter eine wesentliche Rolle und haben hier Spuren hinterlassen. So war die heutzutage eher durch den „Ulmer Spatz" oder den „Schneider von Ulm" bekannte Donaustadt nicht nur eine wichtige Stauferstadt, sondern schon lange vor den Staufern ein traditioneller Ort der Herzogsherrschaft in Schwaben **15**. Und es war der Stauferkönig Konrad III., der 1140 die von den Welfen in den Auseinandersetzungen um die Vorherrschaft in Schwaben zerstörte Stadt wieder aufbaute.

Für das monumentalste Bauwerk, das Münster, wurde jedoch erst im späten Mittelalter von den stolzen Bürgern der Grundstein gelegt. Weithin sichtbar überragt der allerdings erst im 19. Jahrhundert vollendete höchste Kirchturm der Welt mit seinen knapp 162 Metern die alte Reichs- und Donaustadt. Aus der Stauferzeit selbst ist heutzutage nur noch wenig zu sehen: so die Staufermauer in der Schwörhausgasse im historischen Fischer- und Gerberviertel gegenüber dem Hotel „Schiefes Haus", dem schiefsten Hotel der Welt, die wahrscheinlich um 1220 aus den für die Stauferzeit so typischen Buckelquadern errichtet worden ist. Oberhalb der Mauer grenzt der Weinhof an, in dem sich heute das Haus der Stadtgeschichte befindet und wo einst die Kapelle der staufischen Königspfalz stand, von der noch Wandteile im historischem Gewölbesaal zu sehen sind. Im Schwörhaus, wo der Ulmer Oberbürgermeister seit alters her jährlich am Schwörmontag seinen Schwur erneuert, „allen Bürgern allzeit ein gerechter und gemeiner [gleichgesinnter] Mann zu sein", ist ebenfalls eine Wand aus der Stauferzeit verblieben und im Untergeschoss des modernen Stadthauses auf dem Ulmer Münsterplatz steht ein Stauferlöwe als Rest des einstigen westlichen Löwentores.

Zur Zeit der Schwabenherzöge aus dem staufischen Haus bildete

Die Staufermauer im Fischerviertel

Die staufische Herzogs- und Reichsstadt Ulm

Ulm eines ihrer Macht- und Herr-schaftszentren. Ja, man darf Ulm durchaus als Hauptpfalz von Kaiser Friedrich Barbarossa be-zeichnen, denn immerhin weilte er 14 Mal in der Stadt, ebenso oft wie im bedeutenden Nürnberg, und hielt hier glanzvolle Hoftage ab. Auch wichtige Entscheidungen wurden bei diesen Aufenthalten getroffen: So beriet sich der Kaiser im Februar 1164 auf dem Schwä-bischen Hoftag in Ulm mit den Adeligen über die Frage ihrer Abhängigkeit von der Herzogsge-walt, von der die Welfen und andere Große ganz oder zumindest so weit wie möglich befreit sein wollten. Im Zusammenhang mit dieser Grundsatzfrage kam es 1164 auch zur sogenannten „Tübinger Fehde", die sich an der schlechter Behandlung welfischer Dienst-mannen durch den Pfalzgrafen Hugo von Tübingen entzündet hatte und zu einer bis dahin beispiellosen Polarisierung des schwäbischen und bayrischen Adels geführt hatte. 1166 schlich-tete Barbarossa die Auseinandersetzungen in Folge der Fehde zugunsten der Welfen auf einem Reichstag in Ulm, denn er brauchte dringend ihre Unterstützung für seinen entscheidenden Italienfeldzug. Dass Ulm bis zur Mitte des 13. Jahrhunderts eine wichtige Machtbasis für das staufische Haus bildete, verdeutlicht die Tatsache, dass wiederum auf einem Hoftag 1262 Barbarossas Ururenkel Konradin als Zehnjähriger formell das Herzogtum Schwaben in Besitz nahm.

Unsere Tipps

- Ulmer Münster: eine der größten gotischen Kirchen Deutschlands mit dem höchsten Kirchturm der Welt (161,50 m)
- Historisches Fischer- und Gerberviertel mit kleinen Kanälen und vielen historischen Fachwerkhäusern
- Adlerbastei: Hier startete der Schneider von Ulm seinen missglückten Flugversuch
- Das Schiefe Haus: beherbergt heute das schiefste Hotel der Welt
- Das Schwörhaus und der Weinhof mit Resten aus der Stauferzeit
- Das Historische Rathaus mit der Astronomischen Uhr und Fassadenmalereien zur Stadtgeschichte Ulms
- Kloster und Klostermuseum Wiblingen: der Ausgangspunkt der Oberschwäbischen Barockstraße
- Ulmer Museum: mit dem „Löwenmenschen", einer Elfenbeinplastik aus dem nahen Lonetal, einem der ältesten Kunstwerke der Menschheit (35 000 Jahre alt)
- Deutsches Brotmuseum: das weltweit einzige Museum zur jahrtausendealten Brotkultur
- Kindermuseum im Edwin-Scharff-Haus mit der Ausstellung „Achtung Familie"

Um Ulm herum
- In Blaubeuren (15 km entfernt): der Blautopf (die schönste Karstquelle Deutschlands mit tiefblauem Wasser, hier spielt das Märchen um die Wassernixe „Schöne Lau") und das Urgeschichtliche Museum (mit Funden aus der Neandertalerzeit und Repliken der ältesten Kunstwerke und Musikinstrumente der Menschheit)

Information: Touristinformation Ulm/Neu-Ulm, Telefon 07 31/1 61-28 30, www.tourismus.ulm.de

Weingarten – Der alte Welfensitz

Zwei der wesentlichsten Zentren in Oberschwaben, bereits unter den Welfen und dann auch unter den Staufern, bildeten stets der alte Welfensitz Altdorf/Weingarten 16 und die Welfen-, Staufer- und Reichsstadt Ravensburg. Weingarten war, unter seinem ursprünglichen Namen Altdorf, bereits seit dem 9. Jahrhundert alter Welfenbesitz. Hier im Schussental hatten die Welfen als Grafen im Linz- und Aargau umfangreiche Besitzungen aus Reichsgut erworben und

Altdorf zum Hauptsitz gemacht. Der Welfengraf Heinrich stiftete dort in der 1. Hälfte des 10. Jahrhunderts ein Frauenkloster, das bald zur Begräbnisstätte seines Hauses wurde und dies auch nach seiner Umwandlung zu einem Männerkloster 1047 blieb.

In der 1. Hälfte des 11. Jahrhunderts trat Altdorf/Weingarten als Welfensitz hinter der neu errichteten, benachbarten Ravensburg (Rauenspurg) zurück, die seit dem Beginn des 12. Jahrhun-

Stadt und Kloster Weingarten

Sage: Wie die Welfen zu ihrem Namen kamen

Kein Geringerer als Kaiser Karl der Große soll der Namensgeber des Welfengeschlechts gewesen sein. Graf Isenbart von Altdorf, Graf im Schussengau, war ein enger Vertrauter des Frankenkönigs und weilte daher oft und lange am Hofe Karls, weit entfernt von zu Hause. Eines Tages meldete ihm ein Bote, seine Frau Irmentrud habe seinen ersten Sohn geboren. Isenbart bat Karl um Urlaub, der ihm antwortete: „Die Geburt eines jungen Grafen von Altdorf ist wichtig genug. Nehmt Urlaub und reist zu eurem Welfen (Welpen)." Isenbart wählte daraufhin diese Bezeichnung Karls als Namen seines Sohnes und bat Karl, dessen Pate zu sein. Karl erfüllte den Wunsch und kam zur Taufe sogar persönlich nach Altdorf.

Es wird auch eine andere, weniger harmonische Version dieser Sage erzählt:

Isenbarts Frau Irmentrud soll dieser Sage nach von einer Bettlerin mit zahlreichen Kindern um Hilfe angefleht worden sein. Irmentrud tadelte die Frau, sie hätte nicht so viele Bälger bekom-

Welfische Stammtafel

men sollen, wenn sie sie nicht ernähren könne. Die Bettlerin verfluchte daraufhin die Gräfin, sie solle zwölf Kinder auf einmal bekommen. Bald darauf gebar Irmentrud tatsächlich zwölf Knaben, wollte diesen Fluch jedoch vor Isenbart geheim halten und befahl einer Magd, elf der Knaben zu ertränken. Unterwegs stieß die Magd mit den Knaben, die sie in einem Korb versteckt hatte, auf Isenbart, der sich auf der Jagd befand. Auf die Frage des Grafen, was in dem Korb sei, antwortete die Magd: „Es sind nur junge Welfen (Welpen)." Der Graf wollte sie sehen und entdeckte natürlich die Knaben. Die Magd musste dem Graf alles erzählen und Isenbart ließ die Knaben daraufhin heimlich bei Müllersleuten erziehen. Als der Knabe, den Irmentrud von den Zwölfen bei sich behalten hatte, sieben Jahre alt wurde, gab Isenbart ein Fest. Dort erzählte er die Geschichte von den elf verstoßenen Knaben und fragte, welche Strafe eine solche Mutter verdiene. Irmentrud antwortete, man müsste sie in siedendes Öl werfen, worauf Isenbart ihr zur Antwort gab: „Du hast dein Urteil selbst gesprochen." Er ließ die anderen elf Knaben zum Beweis von Irmentruds Freveltat kommen, doch die Knaben und Höflinge baten um Gnade für die Gräfin, die der Graf gewährte. Zum Andenken an die Antwort, die die Magd ihm einst gab, erhielt nun der von Irmentrud behaltene Knabe den Namen „Welf", der den Namen dem ganzen Geschlecht der Grafen von Altdorf gab.

derts zum neuen Hauptsitz der Welfen avancierte. Weingarten blieb das Hauskloster und die Grablege der süddeutschen Welfen, und noch heute existiert unter der barocken Klosterkirche auf dem Martinsberg, der größten Barockbasilika nördlich der Alpen, die sogenannte Welfengruft. Über der Gruft im Hauptaltar wird die größte Reliquie Oberschwabens aufbewahrt, Tropfen vom heiligen Blut Christi, die vor über tausend Jahren von Mantua durch die Welfen ins Kloster Weingarten

Der Heilig-Blut-Altar

gelangte und dort bis heute bei der größten Reiterprozession Europas alljährlich am Freitag nach Christi Himmelfahrt, dem sogenannten „Blutfreitag", verehrt wird. Mit Weingarten verbinden sich auch bis heute zahlreiche literarische Zeugnisse aus der Zeit der Welfen und Staufer, so etwa die alte Handschrift der Welfenchronik, die Weingartner Liederhandschrift und die Sage von der Namensherkunft des Welfengeschlechts.

Unsere Tipps

- Basilika auf dem Martinsberg: die größte Barockbasilika nördlich der Alpen mit der Welfengruft und der Heilig-Blut-Reliquie
- Stadtmuseum im „Schlössle": Dauerausstellungen zu den Welfen, dem Kloster, dem Bauernkrieg und der Fasnet
- Alamannenmuseum: eines der weltweit bedeutendsten Museen zur Geschichte der Alamannen mit vielen Erlebnissen und Aktivitäten für junge Besucher
- Kinderstadtführungen: auf Erlebnisreise im geheimnisvollen Weingarten
- Themenführungen: z. B. „Barockes Leben in Weingarten"
- Landschaftsführung „Stiller Bach" zu Weihern und Kanälen in der Umgebung, einem einzigartigen erhaltenen Netzwerk historischer Wasserbautechnik
- Barbarossastein, ein sagenumwobener Ort im Lauratal

Informationen: Tourismusamt Weingarten, Telefon 07 51/4 05-2 32, www.weingarten-online.de

Ravensburg – Die Stadt der Türme und Tore

In unmittelbarer Nachbarschaft zu Weingarten liegt Ravensburg **17**, das aufgrund seiner fast vollständig erhaltenen mittelalterlichen Türme, Tore und Stadtumwehrung das Bild einer mittelalterlichen Reichsstadt nahezu unverändert präsentiert. Die Ursprünge gehen noch weiter zurück als die Weingartens, nämlich auf einen fränkischen Königshof, der hier um 750 zur Kontrolle der von den Franken unterworfenen Alamannen auf dem Veitsburg-Hügel oberhalb der Stadt angelegt worden war. Im 11. Jahrhundert ist der Name „Veitsburg" erstmals bezeugt, der sich vom Patron einer abgebroche-

Das Obertor (links), der Blaserturm (vorne) und der „Mehlsack" (rechts), im Hintergrund die Veitsburg

nen früheren Burgkapelle herleitet.
Ravensburg gehörte ursprünglich
zum welfischen Besitz in Oberschwaben, stand aber zunächst
noch hinter dem alten Welfensitz
Altdorf/Weingarten zurück. Ab
der 1. Hälfte des 11. Jahrhunderts
gewinnt Ravensburg mit der
Errichtung der für die Stadt na-
mensgebenden „Rauenspurg"
bzw. „Veitsburg" durch die Welfen
zunehmend an Bedeutung und
avanciert zum Hauptsitz der
Welfen und ihrer süddeutschen
Besitzungen.

Und 1129 wird kein Geringerer
als Heinrich der Löwe in Ravensburg, genauer auf der Veitsburg,
geboren. Mitte des 12. Jahrhunderts entsteht unterhalb der Burg
eine kleine Marktsiedlung, die
durch die heutige Marktstraße
gekennzeichnet ist. In den Kämp-
fen zwischen Welfen und Staufern
wird der Marktflecken zwar zerstört, von Welf VI. jedoch rasch
wieder aufgebaut und gefördert.
Das Stadtrecht erhält Ravensburg
zwischen 1191 und 1197 durch
den Stauferkaiser Heinrich VI.,
den Sohn Barbarossas. Zunächst
hatte sich Heinrich der Löwe noch
als sicherer Erbe der welfischen
Besitzungen in Oberschwaben
gewähnt. Doch durch die Erb-
schaftsregelung zwischen Barbarossa und seinem Onkel Welf VI.

Das Ravensburger Stadtwappen

und dem Übergang der Welfengü-
ter an die Staufer wurde Ravensburg rasch zum Verwaltungssitz
der neuen staufischen Reichs- und
Hausgüter in Oberschwaben.

Ravensburg war bereits unter
den Welfen ein wichtiger Marktort
und Verkehrsknotenpunkt, der
unter den Staufern bald schon, wie
auch andere ehemals welfische
Orte in Oberschwaben, Stadtcha-
rakter bekommen sollte, im Falle
Ravensburgs eventuell noch unter
Barbarossa selbst. 1276 erhielt
Ravensburg von König Rudolf von
Habsburg die Reichsfreiheit. Diese
Erhebung zur Reichsstadt steht in
Zusammenhang mit der Errichtung
der Landvogtei Oberschwaben
durch König Rudolf 1274. Bis 1348

![Luftbild der Altstadt von Ravensburg]

Türme, Tore, Gassen und historische Gebäude prägen das Bild der alten Reichsstadt.

blieb der königliche bzw. kaiserliche Landvogt das Stadtoberhaupt, ehe die Vögte in diesem Amt allmählich durch städtische Bürgermeister ersetzt wurden.

Ravensburg scheint auch am Ende der Stauferzeit neben Bregenz ein bevorzugter Aufenthaltsort Konradins gewesen zu sein. Konradin, der letzte Staufer, hatte nur in Teilen des staufischen Herzogtums Schwaben Fuß fassen können, in Augsburg, Ulm, am Bodensee und um Bregenz, das ehemalige Welfenhausgut bildete also in Ost- und Oberschwaben das Kerngebiet des letzten staufischen Herzogs. Mehrere längere Aufenthalte Konradins in Ravensburg sind belegt und angeblich soll er auf der Veitsburg Abschied von seiner Mutter genommen haben, ehe er sich auf seinen Zug nach Italien begab, der mit seiner Enthauptung auf dem Marktplatz von Neapel 1268 endete. Konradin, geboren am 25. März 1252 auf der Burg Wolfenstein bei Landshut als Sohn König Konrads IV. und der Elisabeth von Bayern, hatte nach dem Tod seines Vaters 1254 bereits als Zweijähriger den Titel eines Königs von Jerusalem getragen. Der Anspruch auf diesen Titel leitete sich her aus der zweiten Ehe seines Großvaters Kaiser Friedrich II. mit Jolanthe von Brienne, der Tochter Johanns von Brienne, des Königs von Jerusalem. Ein Kreuz im Wappen der einstigen Stauferstadt Ravensburg steht daher noch heute symbolisch für dieses Königreich Jerusalem und den staufischen Anspruch auf diesen Titel. Und etwas, das die Bedeutung Oberschwabens in der Zeit der Staufer unterstreicht, darf nicht vergessen werden: Zur Zeit Friedrichs II., als unter anderem der Bischof Eberhard von Waldburg als Vormund des unmündigen Königs Heinrich (VII.) fungierte, wurden die kaiserlichen Reichsinsignien für mehrere Jahre auf der nicht weit von Ravensburg gelegenen Waldburg, dem Stammsitz der Truchsessen von Waldburg, aufbewahrt.

Unsere Tipps

- Historische Altstadt: fast alle Türme und Tore der Reichsstadt sind erhalten
- Die Veitsburg: Panoramablick über die Stadt und das Schussental bis zum Bodensee und den Alpen
- Turmbesteigungen des „Mehlsacks" (Wahrzeichen von Ravensburg) und des Blaserturms
- Museum Humpisquartier: eines der besterhaltenen mittelalterlichen Wohnquartiere in Deutschland
- Ravensburger Stadtralley: eine Entdeckertour auf eigene Faust für die ganze Familie
- Themen- und Kinderstadtführungen: z. B. „Ravensburger Frauen", „Ravensburg für die Kleinen und ganz Großen"
- Museum „ravensburger": eine große Entdeckungsreise durch die Geschichte, Gegenwart und Erzeugnisse des weltbekannten Spiele- und Buchverlages
- Ravensburger Spieleland (15 km Richtung Tettnang): ein Erlebnisparadies für Groß und Klein rund um die weltbekannten „Ravensburger Spiele"

Information:
Touristinformation Ravensburg, Telefon 07 51/82-8 00, www.ravensburg.de

Meersburg – Die älteste Burg Deutschlands

Meersburg mit alter Burg und neuem Schloss

Von der Welfen- und Stauferstadt Ravensburg führt nun die letzte Etappe der Reise auf den Spuren der Staufer in Südwestdeutschland an den Bodensee und dort zu-nächst nach Meersburg ⑱, an einen der schönsten Orte am „Schwäbischen Meer". Überragt wird der von alten Fachwerk-häusern und verschlungenen

Gassen geprägte Ort von der ältesten erhaltenen und bewohnten Burg Deutschlands, deren Ursprünge bis in die Merowingerzeit zurückreichen. Nach alter Sage und einer Überlieferung aus dem Jahr 1548 soll die Gründung der imposanten Wehranlage bis ins 7. Jahrhundert auf den Merowingerkönig König Dagobert I. zurückgehen. Der Rundgang durch das Burgmuseum führt durch einen mittelalterlichen Wohntrakt, den Rittersaal, die Waffenhalle, eine Brunnenstube sowie Burgverliese, Kapellen, Wehrgänge und Türme, den malerischen Burggarten und die wehrhafte Nordbastion. Zum Burgmuseum gehört auch das Arbeits- und Sterbezimmer Annette von Droste-Hülshoffs, der größten deutschen Dichterin der Romantik, die während ihrer Aufenthalte am Bodensee auf der Burg lebte. Zusätzlich zum normalen Museumsrundgang finden von April bis November und in den Weihnachtsferien geführte Turmbesteigungen statt. Sie umfassen den ältesten und höchsten Turm der Meersburg, den Dagobertsturm, eine Gefängnisstube aus dem frühen 19. Jahrhundert, eine Schatzkammer und eine Folterkammer. In der Stadt selbst erzählen alte Gebäude aus allen Epochen und stilvolle Plätze Geschichten aus längst vergangenen, lebhaften Zeiten und von der Bedeutung Meersburgs als Weinstadt und Sommersitz der Bischöfe von Konstanz, die mit dem Neuen Schloss im Barockstil das zweite markante Bauwerk neben der mittelalterlichen Burg geschaffen haben.

Unsere Tipps

- Älteste bewohnte Burg Deutschlands
- Neues Schloss: barocke Sommerresidenz der Konstanzer Bischöfe
- Droste-Museum im Fürstenhäusle und Stadtführung „Auf den Spuren der Droste": Einblicke in das Leben der bedeutendsten Dichterin der Romantik
- Staatsweingut und Weinbaumuseum mit historischen Weinfässern und Weintorkeln
- Historische Schlossmühle mit Wasserrad
- Zeppelin-Museum Meersburg: große Privatsammlung zur Geschichte der Luftschifffahrt
- Bodensee-Therme mit Bade- und Saunawelt, Frei- und Strandbad

Information: Meersburg Tourismus, Telefon 0 75 32/4 40-4 00, www.meersburg.de

Konstanz – Die Bischofs- und Konzilstadt

Von Meersburg aus führt von alters her der kürzeste Übergang über den Bodensee in die alte schwäbische Bischofsstadt Konstanz ⑲. Die Diözese des Bischofs von Konstanz deckte zur Zeit der Staufer weite Teile des Herzogtums Schwaben ab. Daher war die Stadt am südlichsten Zipfel des heutigen Baden-Württemberg

schon immer ein Ort von hoher politischer wie kirchlicher Bedeutung. Am bekanntesten dürfte das von 1414 bis 1418 hier abgehaltene Konstanzer Konzil sein, bei dem der damalige Kaiser Sigismund, ein Habsburger, nicht nur drei Päpste absetzte und mit Martin V. wieder für eine einheitliche Besetzung des Stuhles Petri

Das Münster und das Konzilshaus

Die „Imperia" hält Kaiser und Papst in Händen.

sorgte, sondern auch der böhmische Reformator Jan Hus trotz der Zusage freien Geleits auf dem Scheiterhaufen endete.

Konstanz profitierte im 12./13. Jahrhundert, ebenso wie andere Städte in Oberschwaben und am Bodensee, von der zunehmenden Bedeutung dieser Landschaften im Zuge der von Kaiser Barbarossa betriebenen staufischen Erwerbs- und Machterweiterungspolitik in dieser Raumschaft. So wurde die Stadt zunehmend zum Ausgangspunkt der Italiendiplomatie der Staufer, zum Treffpunkt von Delegationen aus dem Reich und zum Ort von Verhandlungen und Konferenzen.

Die wohl entscheidendste Rolle spielte Konstanz in der Stauferzeit aber in den wenigen Stunden des Jahres 1212, in denen sich das Schicksal Friedrichs II. und des Reiches am Bodensee entschied. Nach der Ermordung des Stauferkönigs Philipps von Schwaben 1208 in Bamberg hatten die deutschen Fürsten den Gegenkönig Otto IV. offiziell zum König erhoben. Otto war der Sohn Heinrichs des Löwen und der Mathilde von England und der einzige König und Kaiser, der je aus dem Haus

Das Münster: einst Bischofskirche des „schwäbischen Bistums" Konstanz

der Welfen stammte. Wegen seiner Ansprüche auf das Königreich Sizilien – denn Otto war mit Stauferin Beatrix, einer Tochter König Philipps von Schwaben, verheiratet – wurde er jedoch vom Papst exkommuniziert. Der Papst empfahl, anstelle des Welfen Otto den Staufer Friedrich zum König zu wählen, was im September 1211 auch geschah. Damit wurde die Position Ottos nachhaltig erschüttert.

Otto machte sich im Oktober 1211 auf den Rückweg von Italien nach Deutschland, wo er im Februar 1212 eintraf. Im März 1212 brach Friedrich von Messina aus mit kleinem Gefolge nach Deutschland auf. Anfang September 1212 erreichte er das Rheintal und zog über Chur und St. Gallen in Richtung Konstanz. Damit war er in Schwaben, im Herzogtum seiner Vorfahren, angekommen. Zur selben Zeit verhandelte Kaiser Otto von Überlingen aus mit dem Bischof von Konstanz und die Stadt erklärte sich bereit, ihm die Tore zu öffnen.

Inzwischen kam Friedrich von St. Gallen her vor die Stadt gezogen und forderte Stadt und Bischof auf, ihn einzulassen. Nun entschied sich Konstanz für den Staufer Friedrich und gegen den Welfen Otto. Als dieser wenige Stunden nach Friedrich in Konstanz ankam, stand er vor verschlossenen Toren. Friedrich bezog das für Otto vorbereitete Quartier und verzehrte dessen Abendessen. Angeblich war der Staufer nur vier Stunden vor seinem Rivalen in Konstanz eingetroffen. Dieser war militärisch nicht stark genug für eine Belagerung von Konstanz und musste unverrichteter Dinge abziehen. Dies war ein deutliches Signal an die Reichsfürsten sowie die Reichsministerialität, auf die Seite des Staufers zu wechseln. So wurde in diesen wenigen Stunden in Konstanz Weltgeschichte geschrieben. Beide Rivalen, Otto und Friedrich, haben sich persönlich nicht gesehen und so blieb diese „Fast-Begegnung" die einzige der beiden Kontrahenten. Friedrich hatte nicht mit militärischer Macht gesiegt, sondern mithilfe der Kraft seines Namens und seiner Persönlichkeit.

Unsere Tipps

- Münster: Turmbesteigungen mit Panoramablick auf den Bodensee und Konstanz
- Konzilsgebäude: der Tagungsort des Konstanzer Konzils
- Archäologisches Landesmuseum Baden-Württemberg: Siedlungsgeschichte am Bodensee von den Pfahlbaudörfern bis zur mittelalterlichen Bischofsstadt; aktives Erforschen des Lebens von der Steinzeit bis ins Mittelalter für die ganze Familie; jährliche Ausstellung „Archäologie und Playmobil" (Ende November bis Februar)
- Hus-Haus: Darstellung vom Leben und Schicksal des Reformators Jan Hus
- „Imperia": die weltbekannte Plastik des Bildhauers Peter Lenk, die Kaiser und Papst in ihren Händen als Symbole der weltlichen und geistlichen Macht hält
- Stadtführung: „Pfaffen, Ketzer, Kurtisanen – mit Mönch und Imperia durch's Mittelalter" oder eine Nachtwächterführungen
- SeaLife: die faszinierende Unterwasserwelt
- Bodensee-Therme am Seeufer oder Strandbäder, Badespaß für die ganze Familie

Information: Touristinformation Konstanz, Telefon 0 75 31/13 30-30, www.konstanz-tourismus.de

Die Staufer als Mythos

Kaiser Friedrich I. Barbarossa und sein Enkel Kaiser Friedrich II. waren die zwei staufischen „Lichtgestalten". Während rund 200 Jahren besaßen im Herzogtum Schwaben insgesamt elf Staufer die Herzogswürde, sechs Familienmitglieder trugen die deutsche Königskrone und drei stiegen mit der Kaiserkrönung gar zum weltlichen Oberhaupt des Abendlandes und der lateinischen Christenheit

auf. Vor allem aber durch die enge Bindung der schwäbischen Herzogswürde an die Königs- und Kaiserdynastie avancierte das staufische Haus zu dem schwäbischen Herzogshaus schlechthin.

Mit dem Untergang der Staufer endete die Glanzzeit ritterlichen Lebens und höfischer Kultur des Mittelalters, das von den Staufern geprägt worden war. Das Ende des staufischen Kaiser- und Königtums stürzte das Reich in eine katastrophale politische Krise, ja in den Bürgerkrieg. So folgte auf die Epoche der Staufer zwischen 1250 und 1273 eine Periode der kaiserlosen, herrscherlosen Zeit, das sogenannte „Interregnum", ein Zwischenreich in der Zeit vom Tod Friedrichs II. bis zur Wahl des einstigen staufischen Parteigängers Rudolf von Habsburg zum deutschen König. Mehrere Könige und Gegenkönige aus verschiedenen europäischen Adelshäusern agierten erfolglos als Könige, jedoch ohne Macht im Gesamtreich. Erst die Thronbesteigung Rudolfs von Habsburg markiert einen Neubeginn, eine Zäsur des Mittelalters und den Anbruch eines neuen Zeitalters,

Kyffhäusersage: Wenn Barbarossa dereinst wiederkehrt

Im Kyffhäuser, einem deutschen Mittelgebirge, ruht tief verborgen in einer Höhle Kaiser Friedrich Barbarossa. Unberührt von den Wirren der Welt weit außerhalb seiner Ruhestätte schläft er dort, sein roter Bart ist längst durch den Tisch gewachsen, auf den er sich stützt. Angetan mit der Kaiserkrone und den Insignien des Heiligen Römischen Reiches wartet er auf den Zeitpunkt, an dem er aufwachen wird, um aus den Tiefen des Kyffhäuser aufzusteigen und das alte Reich des Mittelalters und der Stauferzeit in seinem Glanz und Ruhm, in alter Macht und Pracht wieder aufzurichten. Noch aber schläft er und wartet.

das gekennzeichnet sein sollte vom Aufstieg der Habsburger zu der prägenden Dynastie bis zum Ende des Reiches 1806.

Das tragische Ende Konradins, des „letzten Staufers", auf dem Blutgerüst in Neapel setzte den dramatischen Endpunkt der Stauferdynastie und ihrer Epoche im Mittelalter. Es war dies zugleich auch ein Schlusspunkt, der wesentlich zur späteren Glorifizierung der Staufer und zur Bildung des „Staufermythos" beigetragen hat. Ihr Reich, das in den Wirren der napoleonischen Kriege seinen endgültigen Untergang fand, soll aber dereinst mit Barbarossa wieder aufsteigen zu alter Größe und Herrlichkeit, wie es viele Lieder, Gedichte und Legenden aus der Zeit der Romantik und der Entstehung nationalstaatlichen Glaubens im 19. Jahrhundert besingen. Das bekannteste Beispiel dafür ist die Kyffhäusersage, die sich ursprünglich auf Kaiser Friedrich II. bezog, später aber mit Kaiser Friedrich I. Barbarossa verbunden wurde.

Die Zeit der Staufer

Ein Geschlecht und seine Herkunft

Woher stammten die Staufer ursprünglich? Welche Entwicklung nahm das Geschlecht von der Wiege bis zur Bahre? Wie bei vielen mittelalterlichen Herrscher-

Friedrich Barbarossa mit seinen Söhnen

familien sind auch bei den Staufern die belegbaren Nachweise ihrer Abstammung und Ursprünge von den Schleiern quellenarmer Epochen des Mittelalters umhüllt.

Ins Rampenlicht der Geschichte treten sie in der Zeit der Salierkaiser im Jahr 1079, als Kaiser Heinrich IV. (1056–1106) seinen Schwiegersohn Friedrich von Staufen zum Herzog von Schwaben erhob. Friedrich war mit Heinrichs Tochter Agnes verheiratet und somit nicht nur ein treuer Gefolgsmann des „Canossa-Kaisers", sondern auch schon zu dieser Zeit von vornehmer Abstammung. Seine Vorfahren waren bereits als Bischöfe, Grafen und Pfalzgrafen in Schwaben unter den Ottonen und Saliern im 10. und 11. Jahrhundert an führenden Stellen im Reich präsent.

Herzog Friedrich I. seinerseits war der Sohn des Riesgrafen Friedrich von Büren und der Hildegard von Egisheim, einer elsässischen Adeligen, deren Familie mit Leo IX. (1049–1054) sogar ein Papst entstammte. Von 1079 bis in die Mitte des 13. Jahrhunderts stammten alle Herzöge von Schwaben aus staufischem Haus.

Die Reichskrone

Zwei Söhne Herzog Friedrichs I. vollzogen die nächsten Schritte auf dem Weg zur Königs- und Kaisermacht. Der ältere, Friedrich II., genannt „der Einäugige", folgte dem Vater im schwäbischen Herzogsamt (1105–1147). Er heiratete die Welfin Judith aus der zu dieser Zeit mächtigsten Adelsfamilie im Reich. Aus dieser Ehe entstammte der bedeutendste und bekannteste Stauferkaiser Friedrich I., genannt „Barbarossa". Der Bruder Herzog Friedrichs II., Konrad, wurde nach dem Tod des letzten, kinderlosen Salierkaisers von der staufischen Adelspartei zum deutschen König gewählt. Mit König Konrad III. stiegen die Staufer zur Königswürde auf,

wenn auch Konrad zunächst nur Gegenkönig zu dem vor allem von den Welfen unterstützten König und Kaiser Lothar III. (von Supplinburg) war. Erst nach Lothars Tod (1138) wurde Konrad offiziell deutscher König. In der Regierungszeit Konrads begann der lang andauernde Kampf zwischen den verwandten Staufern und Welfen.

Konrads designierter Nachfolger, sein Neffe Herzog Friedrich III. von Schwaben, trug das Blut beider Familien in sich. Die deutschen Fürsten wählten ihn 1152 als Friedrich I. zum deutschen König und 1155 wurde er als erster Staufer zum römischen Kaiser gekrönt.

In Italien erhielt er wegen seines roten Bartes den Beinamen „Barbarossa". Seine starke Persönlichkeit und Machtpolitik, aber auch die während seiner 39-jährigen Regierungszeit zur Blüte gelangte höfische Kultur machten Kaiser Friedrich I. Barbarossa zum bedeutendsten Stauferherrscher und zu einer der schillerndsten Persönlichkeiten des Mittelalters überhaupt. Auch sein mysteriöser Tod 1190 als Führer des 3. Kreuzzugs im Flüsschen Saleph in Kleinasien trug dazu bei, dass sich bald ein Schleier der Verklärung und Legendenbildung um seine Person zu legen begann, die ihn als „den" Kaiser des Mittelalters bis heute fortleben lässt.

Aus der zweiten Ehe Barbarossas mit Beatrix von Burgund stammt sein Nachfolger auf dem Königs- und Kaiserthron, Heinrich VI. (1169–1197), ein eher rigoroser Machtpolitiker. Seine Heirat mit Konstanze, der Erbin des normannischen Königreichs Sizilien, brachte auch ganz Süditalien in den staufischen Herrschaftsbereich. Beide Machtbereiche und damit auch beide Kreise mitteleuropäischer und mediterraner Kultur vereinigen sich in Heinrichs und Konstanzes Sohn Friedrich, der als Kaiser Friedrich II. nicht nur zum zweiten bis heute populären Stauferherrscher neben seinem Großvater Barbarossa avancierte, sondern bereits zu Lebzeiten als „stupor mundi" (das Staunen der Welt) größte Bewunderung fand.

Da er im Grunde mehr Italiener als Deutscher war, lagen seine Schwerpunkte entsprechend im südlichen Teil des Kaiserreichs und nur selten weilte er nördlich der Alpen. Hier hatte er schon früh seinen Sohn Heinrich (VII.) zum König eingesetzt, den er jedoch, als er gegen den Vater aufbegehrte, 1235 rigoros wieder absetzte und lebenslänglich in den Kerker verbannte. Friedrichs zweiter Sohn Konrad IV. folgte nach dem Tod

des Kaisers 1250 dem Vater als deutscher König nach, wurde jedoch nie zum König gekrönt. Bereits 1254 erlag er mit noch nicht einmal 30 Jahren auf einem Feldzug in Italien der Malaria.

Mit Konrads Sohn Konradin erschien noch einmal für kurze Zeit eine „staufische Lichtgestalt" auf der mittelalterlichen Weltbühne. Beim Tod des Vaters gerade zwei Jahre alt, war er von den schwäbischen Adeligen zum Herzog erhoben worden und besaß sogar neben dem Anspruch auf die deutsche Königswürde auch den auf das Königreich Jerusalem. Erst 15 Jahre alt, zog Konradin 1267 mit wenigen Getreuen nach Italien, um seine Ansprüche auf das staufische Erbe durchzusetzen. Er wurde jedoch 1268 von Karl von Anjou, dem Bruder des französischen Königs und Günstling des Papstes, in der Schlacht von Tagliacozzo vernichtend geschlagen und auf Veranlassung Karls in Neapel nach einem Schauprozess öffentlich enthauptet.

Dieses tragische Ende des jungen Staufers hat unter anderem dazu geführt, dass Konradin als „der letzte Staufer" im Bewusstsein der Bevölkerung fortlebt, ja glorifiziert wird. Natürlich war Konradin nicht der letzte Staufer, denn besonders durch die 43 aus

Konradins Enthauptung, das Ende der Staufer (Kloster Lorch)

geprägt hatte, gegen Ende des 13. Jahrhunderts wieder im Dunkel der Geschichte. Doch die Herrscher aus dieser Familie leben bis heute fort, und dies nicht nur in den Geschichtswissenschaften, sondern auch in der Literatur, besonders aber im Bewusstsein der Menschen, ihren Erzählungen, Sagen und Legenden.

Die Staufer als Städtegründer

Schwäbisch Gmünd ist die älteste durch die Staufer erfolgte Stadtgründung in Süddeutschland. Nach der Erhebung Gmünds zur Stadt begann Schwaben eine regelrechte Gründungswelle neuer Städte durch die Staufer, wie z. B. Göppingen, Geislingen, Heidenheim, Donauwörth, Biberach und Wangen im Allgäu bis hin zu Rothenburg ob der Tauber. Vor allem seit der Zeit Kaiser Barbarossas benötigten die Stauferherrscher immer mehr Geld für ihre Auseinandersetzungen mit dem Adel, den italienischen Städten und vor allem mit dem Papst. Da die Städte in dieser Zeit immer mehr zu bedeutenden politischen Machtfaktoren und Wirtschaftszentren wurden und durch das in ihnen blühende Handels- und Gewerbewesen reiche Einnahmemöglich-

offiziellen Ehen und etlichen Nebenverbindungen Kaiser Friedrichs II. entstammenden Nachkommen lebten auch nach Konradins Tod eine erkleckliche Anzahl von Stauferabkömmlingen. Keiner von ihnen gelangte jedoch, trotz mehrerer Versuche, nur annähernd zur Bedeutung seiner Vorfahren. So verschwand das Geschlecht der Hohenstaufen, das über rund 200 Jahre die schwäbische, deutsche und europäische Geschichte

Der Cappenberger Kopf

keiten versprachen, lag es für die Staufer nahe, sich durch Städtegründungen diese Finanzquellen zu erschließen. Sie nutzten die Städte auch systematisch zur Sicherung ihrer Reichs- und Landesherrschaft, als kirchliche, militärische, administrative, wirtschaftliche und kulturelle Mittelpunkte der ihrer Gewalt unterliegenden Ländereien.

Zwei verbindende Merkmale aber sind typisch für alle staufischen Stadtgründungen: ihre Lage und der völlig neuartige Stadtgrundriss. Die Stauferstädte sind grundsätzlich im Altsiedelland und nicht in Rodungsbezirken angelegt, sie liegen auf ebenem Terrain, besonders auf Flussterrassen und vorwiegend an Fernstraßen. Letzteres bedingt wiederum den neuartigen, streng schematischen Stadtgrundriss. Kern einer jeden Stauferstadt ist der lang gezogene Straßenmarkt zwischen zwei Haupttoren als den Ein- und Ausgängen der Handelsstraßen.

Dies ermöglichte die Kontrolle, aber auch die Gewinn bringende Nutzung des überregionalen Handelsverkehrs. Die Lage im ebenen Gelände ermöglichte zudem einen regelmäßigen, rechteckigen Grundriss. So zweigen in den Stauferstädten die Seitenstraßen senkrecht vom zentralen Straßenmarkt ab, schmale Parallelstraßen verlaufen zu beiden Seiten des Marktes und die Häuser wenden ihre Giebelfronten dem Markt bzw. den Seitenstraßen zu.

Die Burgen der Stauferzeit

Wenn Baden-Württemberg heute als eine der burgen- und schlösserreichsten Landschaften in Deutschland gilt, trägt die Stauferzeit zu diesem Reichtum besonders bei.

Der Hohenrechberg, die besterhaltene Stauferruine

Die Errichtung zahlreicher Burgen verfolgte vor allem den Zweck, Märkte an wichtigen Fernstraßen oder Stamm- und Herzogsburgen zu sichern. Viele staufische Gefolgsleute erhielten Lehen, die es galt, von befestigten Plätzen aus zu schützen. Andererseits waren diese Burgen zumeist auch mit Güter- oder Dienstlehen, Ämtern und Privilegien verbunden und damit Mittel zum Zweck, um treue Dienstmannen und Gefolgsleute an die Stauferfamilie zu binden.

Burgen sind nicht von heute auf morgen entstanden. Hunderte von Handwerkern und Arbeitern waren

Buckelquader (Burg Staufeneck)

oft bis zu zehn Jahre mit dem Bau beschäftigt. Die den Burgen zugehörigen Bauern des Umlandes mussten viele und harte Fronleistungen erbringen. Auch war der Burgenbau keine billige Angelegenheit, denn die Baukosten entsprachen nicht selten, gemessen an heutigen Maßstäben, einem Gegenwert von mehreren Millionen Euro. Es klingt also sehr viel einfacher, als es in Wirklichkeit war, wenn

der Stauferchronist Otto von Freising die zahlreichen Burgengründungen Herzog Friedrichs II. von Schwaben mit den Worten kommentierte: „Herzog Friedrich zog am Schweif seines Pferdes stets eine Burg hinter sich her."

Existenznöte und drastische Wandlungen der Kriegstechnik (z.B. Feuerwaffen und Artillerie) waren ab dem 16. Jahrhundert oft der Anlass, dass die meisten der auf staufische Gründungen zurückgehenden Burgen von den Bewohnern verlassen wurden. Sie verfielen allmählich und fanden vielleicht noch als Materiallieferanten für den Bau kleiner Residenzen in den Städten Verwendung.

Parteien im Mittelalter

Waiblingen, die heutige Kreisstadt des Rems-Murr-Kreises, wurde in der Stauferzeit zum wörtlichen Synonym für die herrschaftspolitischen Gegensätze des Hoch- und Spätmittelalters. „Hie Welf – Hie Waibling" schallte als Kampfruf gegnerischer Parteien im 12. und 13. Jahrhundert durch Deutschland und Italien. „Welf" und „Waibling" waren die Parteibezeichnungen, die aus dem latenten Gegensatz zwischen Welfen und Staufern (Waiblingern) herrührten,

Friedrich Barbarossa

der im 12. Jahrhundert begonnen
hatte und sich bis zum Ende der
Stauferzeit hinzog. Das Gebiet um
Waiblingen war als altes salisches
Eigengut durch die Heirat der
salischen Kaisertochter Agnes mit
dem staufischen Schwabenher-
zog Friedrich I. an die Staufer
gelangt. Daher wurde das Staufergeschlecht oft auch als „Waiblinger" bezeichnet.

Im Konflikt zwischen dem
ersten Stauferkönig Konrad III. und
den ebenfalls die deutsche Krone
beanspruchenden Welfen soll im
Verlauf der Schlacht von Weinsberg
(1140) erstmals der Schlachtruf
„Hie Welf – Hie Waibling" erklun-
gen sein. Anfang des 13. Jahrhunderts übertrugen sich diese Be-
zeichnungen in ihren italienischen
Formen „Guelfen" (Welfen) und
„Ghibellinen" (Waiblinger) auf die
rivalisierenden Parteien in den
oberitalienischen Städten. Dabei
standen die Ghibellinen für die
Anhänger der staufischen Kaiser
und die Guelfen für deren Gegner.
Nach dem Untergang der Staufer
Mitte des 13. Jahrhunderts wurden
die Parteinamen auf die Gegensätze
zwischen dem Adel (Ghibellinen)
und dem Volk (Guelfen) übertra-
gen.

Heinrich der Löwe, Vetter und Rivale Barbarossas

Ritter im Turnier

Kulturblüte in der Stauferzeit

Die Zeit des Hohen Mittelalters zwischen 1175 und 1270 heißt in der Literaturgeschichte die ritterliche, staufische oder höfische Epoche. Die Zeitgenossen selbst bezeichneten ihre Zeit bereits als „hövisch" oder „hovelich". War die vorausgegangene Salierzeit vorwiegend durch geistliche Dichtung mit religiöser Thematik gekennzeichnet, erschloss sich die Dichtung der staufischen Zeit mehr und mehr weltliche Themen zum Inhalt. Träger dieser neuen Literatur war in erster Linie das Rittertum, das zu hohem Selbstbewusstsein und sozialem Ansehen gelangt war. Dementsprechend diente die Dichtung dem Zweck der Selbst-

verherrlichung des Ritterstandes und seiner Ideale und Tugenden. Zum zentralen Begriff avancierte dabei die „minne", eine neuartige Form der Frauenverehrung. Der adelige Ritter warb in seiner Dichtung um die Gunst einer hochgestellten, für ihn prinzipiell unerreichbaren Dame, die seine Werbung nicht erhören konnte und ihn so zur Entsagung, aber auch zur „Erhöhung" seines Charakters und seiner ritterlichen Tugenden veranlasste.

Die bekanntesten und bedeutendsten der höfischen Dichter bilden bis heute feste Größen: Gottfried von Straßburg, Heinrich von Veldeke, Konrad von Würzburg, Rudolf von Erms sowie natürlich Hartmann von Aue, Wolfram von Eschenbach und Walther von der Vogelweide. Etliche von ihnen sind im direkten Umfeld der Stauferherrscher, ja sogar unmittelbar in staufischen Diensten bezeugt. Selbst der Stauferkaiser Heinrich VI. hat eigene Gedichte und Minnelieder verfasst. Zusammen mit seinem unglücklichen Urenkel Konradin und vielen anderen Dichterkollegen ist Heinrich auch in der im 14. Jahrhundert entstandenen Großen Heidelberger oder „Mannessischen" Liederhandschrift, der bedeutendsten Sammlung hochmittelalterlicher Dich-

Kaiser Heinrich VI. und Konradin als Minnesänger in der Mannessischen Liederhandschrift

tung, abgebildet und mit zwei Werken vertreten. Neben den Minneliedern entwickelten sich Epen wie „Eneide", „Tristan", „Parzival", „Erec" und „Iwein". Diese Werke bearbeiteten tradierte Stoffe, in deren Mittelpunkt vor allem König Artus und seine sagenhafte, legendenumwobene Tafelrunde stand. Sie verkörperten die Ideale des höfischen Lebens und des Rittertums.

Die höfische Epoche bildete die erste Blütezeit der deutschen Literatur, in der sich – ausgehend von der Machtentfaltung des staufischen Kaisertums – erstmals eine gewisse selbstständige deutsche Kultur entwickelt hatte. Das Rittertum löste sich von der kulturellen Dominanz der Kirche und schuf sich seine eigene, standesorientierte weltliche Kultur.

Stammtafel der Staufer

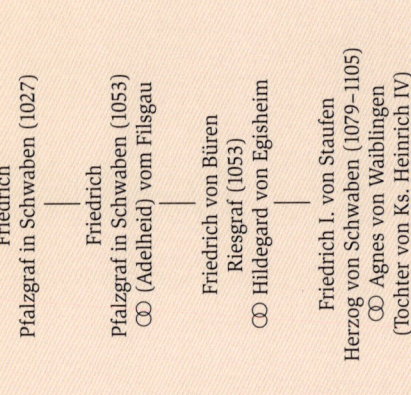

Friedrich
Pfalzgraf in Schwaben (1027)

Friedrich
Pfalzgraf in Schwaben (1053)
⚭ (Adelheid) vom Filsgau

Friedrich von Büren
Riesgraf (1053)
⚭ Hildegard von Egisheim

Friedrich I. von Staufen
Herzog von Schwaben (1079–1105)
⚭ Agnes von Waiblingen
(Tochter von Ks. Heinrich IV)

Friedrich II. „der Einäugige"
Herzog von Schwaben (1105–47)
1. ⚭ Judith von Bayern (Welfin)
(Tochter von Hzg. Heinrich dem Schwarzen von Bayern)

Konrad III.
Gegenkönig 1127–38
Dt. König 1138–52
1. ⚭ Gertrud von Comburg
2. ⚭ Gertrud von Sulzbach

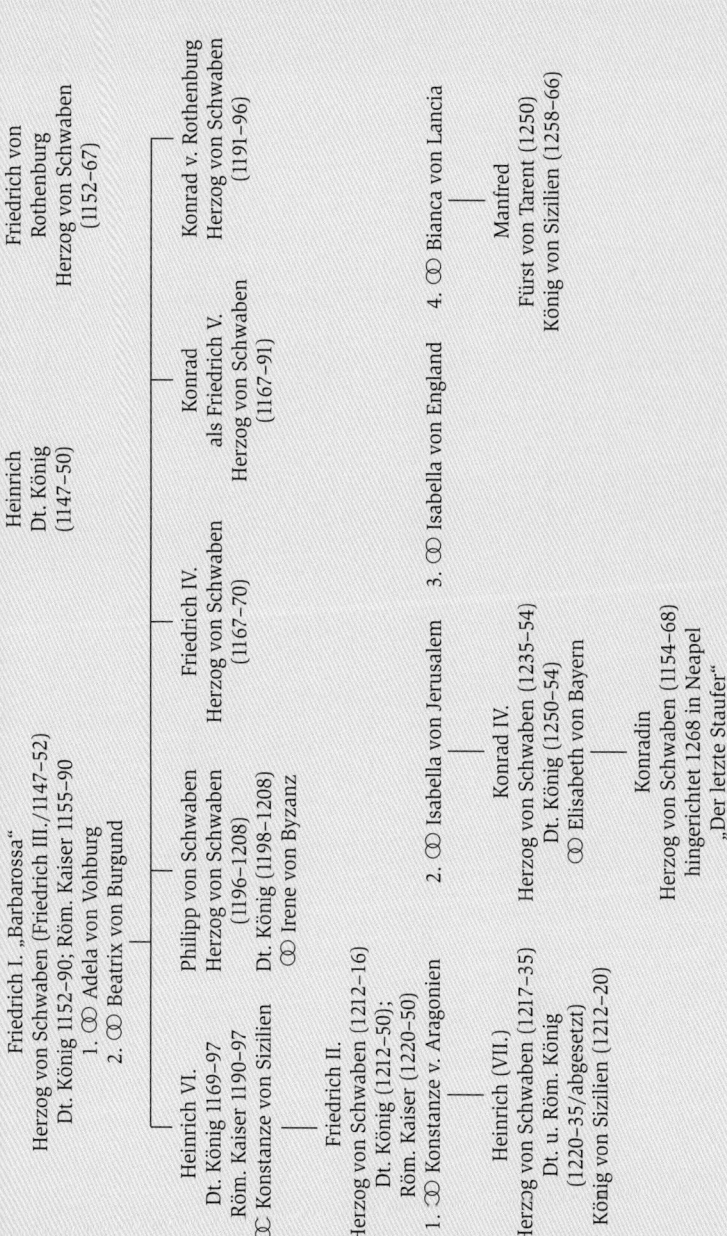

Bildnachweis

Autor

UWE KRAUS, geboren 1956 in Stuttgart und aufgewachsen in Rechberghausen (Kreis Göppingen) und Ravensburg, ist ausgewiesener Stauferkenner. Als Historiker mit Promotion am Institut für Landesgeschichte der Universität Tübingen bei Professor Hansmartin Decker-Hauff und gleichzeitig Touristikspezialist gelingt es ihm, den Bogen zu spannen zwischen spannender Geschichte und tollen Tipps rund um historische Stätten. Seit 1992 ist er Geschäftsführer des Schwäbische Alb Tourismusverbandes. Uwe Kraus ist Autor von Publikationen über die Staufer und Hohenzollern.